Schriftenreihe
zur Praxis der Leibeserziehung
und des Sports

BAND 149

DIDAKTISCH-METHODISCHE MODELLE FÜR DIE SCHULPRAXIS
GRUNDLEGUNG — PLANUNG — ERPROBUNG — AUSWERTUNG

Band 63   Modellbeispiel I:
Einführung des Basketballspieles in einer Koedukationsklasse nach epochalem Unterrichtsprinzip
Peter Schünemann unter Mitarbeit von Karl Koch

Band 67   Modellbeispiel II:
Circuittraining im obligatorischen Unterricht einer Koedukationsklasse
Horst Graurke unter Mitarbeit von Karl Koch

Band 71   Modellbeispiel III:
Untersuchungen zur Lehrplanung und Lernkontrolle in den Sportspielen
Prof. Dr. Herbert Hartmann

Band 76   Modellbeispiel IV:
Einführung des Handballspiels im 5. Schuljahr
Peter Roes unter Mitarbeit von Karl Koch

Band 90   Modellbeispiel V: PRIMARSTUFE
Entwicklung koordinativer Fähigkeiten und motorischer Fertigkeiten
Marianne Gerken/Peter Döring/Hartmut Fanslau

Band 104   Modellbeispiel VI: SEKUNDARSTUFE I
Prellball · Indiaca · Badminton · Faustball
Karl Koch (Hrsg.)/Uwe Beckmann/Jutta Lindemann/Josef Schreiberhuber

Band 114   Modellbeispiel VII: PRIMARSTUFE
Leichtathletik in der Primarstufe
Karl Koch (Hrsg.)/Sabine Harder/Karla König/Sabine Willmann/Ursula Weber

Band 118   Modellbeispiel VIII: SEKUNDARSTUFE I
Lernhilfen in der Lehrweise des Volleyballspiels
Gerhard Paap

Band 132   Modellbeispiel IX: SEKUNDARSTUFE II
Schwimmen in einem Grundkurs der differenzierten gymnasialen Oberstufe
Antal Nádi

Band 135   Modellbeispiel X: SEKUNDARSTUFE I
Fußball in einem 7. Schuljahr
Manfred Ziegelitz

Band 142   Modellbeispiel XI: SEKUNDARSTUFE I
Koedukation und Kleine Spiele
Herbert Stündl

Band 144   Modellbeispiel XII: PRIMARSTUFE
Soziales Lernen im Sport
Stefanie Mirabella-Greco

DIDAKTISCH-METHODISCHE MODELLE FÜR DIE SCHULPRAXIS
GRUNDLEGUNG — PLANUNG — ERPROBUNG — AUSWERTUNG

Modellbeispiel XIII | SEKUNDARSTUFE II

Sportunterricht in der reformierten Oberstufe

Basketball in einem koedukativen Grundkurs

Michael Cramer

Verlag Karl Hofmann   7060 Schorndorf

CIP-Kurztitelaufnahme der Deutschen Bibliothek

Didaktisch-methodische Modelle für die Schulpraxis:
Grundlegung, Planung, Erprobung, Auswertung. –
Schorndorf: Hofmann
   (Schriftenreihe zur Praxis der Leibeserziehung und des Sports; ...)
Modellbeispiel 13: Sekundarstufe 2. — Cramer, Michael: Sportunterricht in der reformierten Oberstufe

Cramer, Michael:
Sportunterricht in der reformierten Oberstufe: Basketball in e. koedukativen Grundkurs / Michael Cramer. — Schorndorf: Hofmann, 1981.
   (Didaktisch-methodische Modelle für die Schulpraxis;
   Modellbeispiel 13: Sekundarstufe 2)
   (Schriftenreihe zur Praxis der Leibeserziehung und des Sports; Bd. 149)
   ISBN 3-7780-9491-2
NE: 2. GT

Bestellnummer 949

© *1981 by Verlag Karl Hofmann, 7060 Schorndorf*

Alle Rechte vorbehalten. Ohne ausdrückliche Genehmigung des Verlags ist es nicht gestattet, die Schrift oder Teile daraus auf fototechnischem Wege zu vervielfältigen. Dieses Verbot — ausgenommen die in § 53, 54 URG genannten Sonderfälle — erstreckt sich auch auf die Vervielfältigung für Zwecke der Unterrichtsgestaltung. Als Vervielfältigung gelten alle Reproduktionsverfahren einschließlich der Fotokopie.

Zeichnungen: Karlheinz Grindler
Graphische Zeichnungen: Gabriele Gragert

Erschienen als Band 149 der ,,Schriftenreihe zur Praxis der Leibeserziehung und des Sports''
Redaktion: Karl Koch

Gesamtherstellung in der Hausdruckerei des Verlags
Printed in Germany · ISBN 3-7780-9491-2

Inhalt

1.	EINLEITUNG	7
2.	DIDAKTISCH-METHODISCHE ENTSCHEIDUNGEN	9
2.1	Sachanalyse	9
2.2	Begründung der Stoffauswahl	10
2.3	Didaktische Reduktion	10
2.4	Begründung des Unterrichtsverfahrens	12
2.5	Medien	13
2.6	Geplante Reihenfolge der Stunden	14
2.7	Geplante Lernerfolgskontrolle	14
3.	UNTERRICHTSVORAUSSETZUNGEN	17
3.1	Die materielle Situation	17
3.2	Die Situation der Lerngruppe	17
4.	DIE LERNZIELE DER UNTERRICHTSREIHE	19
4.1	Die Grobziele	19
4.2	Die Feinziele	19
5.	DIE DURCHFÜHRUNG DER UNTERRICHTSREIHE	21
6.	DIE ERSTE UNTERRICHTSSTUNDE	22
6.1	Thema der Stunde: Basketballspiel ohne Regeln	22
6.2	Didaktisch-methodische Entscheidungen	22
6.3	Unterrichtsziele	23
6.4	Geplanter Unterrichtsverlauf	24
6.5	Durchführung und Analyse der Stunde	25
7.	DIE ZWEITE UNTERRICHTSSTUNDE	28
7.1	Thema der Stunde: Entwicklung einer Spielkonzeption	28
7.2	Didaktisch-methodische Entscheidungen	28
7.3	Unterrichtsziele	28
7.4	Geplanter Unterrichtsverlauf	29
7.5	Durchführung und Analyse der Stunde	29
8.	DIE DRITTE UNTERRICHTSSTUNDE	31
8.1	Thema der Stunde: Der Druckpaß	31
8.2	Didaktisch-methodische Entscheidungen	31
8.3	Unterrichtsziele	33
8.4	Die Verlaufsplanung des Unterrichts	34
8.5	Durchführung und Analyse der Stunde	35

9.	DIE VIERTE UNTERRICHTSSTUNDE	39
9.1	Thema der Stunde: Der Druckpaß in spielnaher Situation	39
9.2	Sachanalyse	39
9.3	Didaktische Reduktion	39
9.4	Unterrichtsziele	39
9.5	Geplanter Unterrichtsverlauf	40
9.6	Durchführung und Analyse der Stunde	40
10.	DIE FÜNFTE UNTERRICHTSSTUNDE	42
10.1	Thema der Stunde: Der einhändige Korbwurf aus dem Stand	42
10.2	Sachanalyse	42
10.3	Unterrichtsziele	42
10.4	Geplanter Unterrichtsverlauf	43
10.5	Durchführung und Analyse der Stunde	43
11.	DIE SECHSTE UNTERRICHTSSTUNDE	47
11.1	Thema der Stunde: Die Raumdeckung	47
11.2	Sachanalyse	47
11.3	Didaktische Reduktion	48
11.4	Unterrichtsziele	48
11.5	Geplanter Unterrichtsverlauf	48
11.6	Durchführung und Analyse der Stunde	49
12.	DIE SIEBENTE UNTERRICHTSSTUNDE	42
12.1	Thema der Stunde: Spiel auf einer Wiese	52
12.2	Didaktisch-methodische Entscheidungen	52
12.3	Unterrichtsziele	53
12.4	Geplanter Unterrichtsverlauf	54
12.5	Durchführung und Analyse der Stunde	55
13.	LERNERFOLGSKONTROLLE	59
13.1	Die motorische Lernzielkontrolle	59
13.2	Die soziale Lernzielkontrolle	61
13.3	Revision eines Vorurteils	62
14.	ABSCHLUSSANALYSE	65
14.1	Reflexion über didaktisch-methodische Entscheidungen	65
14.2	Zu ausgewählten Aspekten der Durchführung	66
15.	ANHANG	69
15.1	Abkürzungsverzeichnis	69
15.2	Symbolverzeichnis	69
15.3	Unterrichtsmaterial	69
16.	LITERATURVERZEICHNIS	77

1. Einleitung

Im Oktober 1973 fand in Oldenburg ein Kongreß unter dem Thema „Sozialisation im Sport" statt, der vom Ausschuß Deutscher Leibeserzieher (ADL) veranstaltet wurde. In einem Arbeitskreis von Jürgen Funke — geschlechtsspezifische Sozialisation im Sportunterricht — wurde von den Teilnehmern eine Resolution verabschiedet, in der gefordert wurde, „daß überall dort, wo Gesetze und Erlasse Versuche mit koedukativem Sport noch verbieten, diese Einschränkungen aufgehoben werden"[1]. Diese Resolution wurde in die sportpolitische Erklärung des ADL-Präsidenten aufgenommen. Der Berliner Schulsenator hat diese Forderung übernommen und im Vorläufigen Grundprogramm für das Fach Leibesübungen verankert. „In personell und fachlich begründeten Fällen kann der Unterricht in den (Leistungs- und) Grundkursen für Schülerinnen und Schüler gemeinsam erteilt werden. Für die Leitung koeduzierter Gruppen können Sportlehrerinnen und Sportlehrer eingesetzt werden"[2].
Diese Verankerung gewinnt zusätzliches Gewicht dadurch, daß das Vorläufige Grundprogramm neben anderen zentralen Anliegen die Einübung von sinnvollem Freizeitverhalten als Lernziel herausstellt.
Die Verfasser gehen von der Annahme aus, „daß Sport jedem eine sinnvolle Freizeitgestaltung ermöglicht, ungeachtet seines Alters, seines Geschlechts, seiner Zugehörigkeit zu einer bestimmten sozialen Schicht (und) des Grades seiner sportlichen Leistungsfähigkeit"[3]. Das bedeutet, daß der Sportunterricht die Aufgabe hat, jedem Schüler eine angemessene freizeitrelevante Form sportlicher Betätigung zu vermitteln.
Die wesentlichen Gruppen im Freizeitbereich wie Familien, Jugend- und Studentengruppen, Schulklassen auf Wanderfahrten bestehen aus männlichen und weiblichen Mitgliedern. Darüber hinaus existiert — wie nicht zuletzt das Zustandekommen dieses Kurses beweist — ein latentes Bedürfnis bei Jungen und Mädchen, gemeinsam Sport zu treiben.
Ein Curriculum, das die Freizeitrelevanz schulischen Sportunterrichts betont, muß die spezifische Zusammensetzung dieser Freizeitgruppen und die in ihnen latent bestehenden Bedürfnisse berücksichtigen; d. h. diese Berücksichtigung muß in den sportartspezifischen Curricula ihre Entsprechung finden.
Die Verfasser dieser sportartspezifischen Curricula im Vorläufigen Grundprogramm scheinen dem Problem der Koedukation jedoch keine besondere Bedeutung beizumessen. Dies läßt sich dadurch belegen, daß in den meisten Curricula die Frage über-

---

1   FUNKE, Jürgen, Geschlechtsspezifische Sozialisation im Sportunterricht, in: Ausschuß Deutscher Leibeserzieher, Sozialisation im Sport, Schorndorf 1974, 140.
2   Der Senator für Schulwesen, Vorläufiges Grundprogramm für das Fach Leibesübungen in der Sekundarstufe II, 10/11.
3   Der Senator für Schulwesen, a. a. O., 6.

haupt nicht und beim Volleyball nur im Bereich der Lernerfolgskontrolle aufgenommen wird. Im Gerätturnen halten die Verfasser Koedukation anscheinend für unmöglich, was sich aus der Existenz geschlechtsspezifischer Curricula ableiten läßt. Dieser Widerspruch erklärt sich aus der mangelnden Verbindlichkeit des Lernziels auf der oberen Lernzielebene — sinnvolles Freizeitverhalten — das, wie oben ausgeführt, die Notwendigkeit von Koedukation beinhaltet. Demnach existieren Unstimmigkeiten bei der Konstruktion des Gesamtcurriculums, die sich in letzter Konsequenz aus der unausgesprochenen Priorität der motorischen Lernziele ergeben. Dies wird besonders deutlich in den Curricula der Sportspiele, in denen soziale Lernziele kaum beachtet werden.

Die Notwendigkeit „der Beachtung des Mitspielers bzw. Mitwirkenden, unabhängig von dessen sportlicher Leistungsfähigkeit (z. B. Fehlleistungen ertragen können)"[4], ist im allgemeinen Teil zwar betont, hat im fachspezifischen Teil der Sportspiele aber keinen Niederschlag gefunden. Diese Verhaltensweise, die sicherlich auch im gleichgeschlechtlichen Unterricht von Wichtigkeit ist, muß — wird sie ernstgenommen — im Unterricht intendiert sein. „Es kann (nämlich) nicht erwartet werden, daß sich ein Einstellungswandel in der Werthaltung der Schüler von selbst, d. h. durch bloßes Zusammenführen der Geschlechter im Sportunterricht ergibt. Vielmehr muß eine intentional-koedukative Ausrichtung des Unterrichts verwirklicht werden, wenn eine entsprechende Bewußtseinsänderung der vorwiegend leistungsorientierten Schüler gelingen soll"[5].

Diese und ähnliche Widersprüche zwischen den verschiedenen Lernzielebenen zu vermeiden, ist eine zentrale Forderung der Curriculumkonstruktion; daß also sportartspezifische Konkretisierungen nicht im Widerspruch zu den allgemeinen Lernzielen des Sportunterrichts stehen dürfen.

Aus diesem Widerspruch sind zumindest zwei Forderungen abzuleiten:
1. Es müssen sportartspezifische Curricula erstellt werden, die an keiner Stelle den allgemeinen Lernzielen des Sportunterrichts zuwiderlaufen. Das bedeutet u. a. eine Relativierung der Bedeutung von motorischen zugunsten sozialer Lernziele.
2. Es müssen Unterrichtsmodelle erstellt und in Unterrichtsversuchen erprobt werden, in denen die Praktikabilität der allgemeinen Lernziele in ihrer sportartspezifischen Konkretisierung ausgewiesen wird.

Anspruch und Ziel der vorliegenden Arbeit ist es, unter Aufzeigen der Widersprüche des bestehenden Curriculums, eine praktizierte Alternative für eine Sportart vorzustellen. Die Arbeit lehnt sich somit an die Aussage des Berliner Curriculums an, in dem die Vorläufigkeit und die damit verbundenen Konsequenzen betont werden: „Die hier dargestellten Lernziele einschließlich der Bereiche, denen sie entnommen sind, sind grundsätzlich als vorläufig anzusehen, d. h. sie sind ergänzbar und veränderbar. Sie enthalten somit auch die Aufforderung zur Mitarbeit"[6].

---

4 Der Senator für Schulwesen, a. a. O., 3—4.
5 ENGEL, Rudolf, KÜPPER, Doris, Koedukation im Sportunterricht, in: Sportunterricht, 24. Jahrgang, 8/75, 261.
6 Der Senator für Schulwesen, a. a. O., 6.

2. Didaktisch-methodische Entscheidungen

2.1 SACHANALYSE

In Anlehnung an die offiziellen Basketballregeln soll für das Basketballspiel folgende Definition gegeben werden:
,,Basketball wird von zwei Mannschaften mit jeweils fünf Spielern gespielt. Es ist die Absicht jeder Mannschaft, den Ball in den Korb des Gegners zu werfen und die andere Mannschaft daran zu hindern, sich in den Besitz des Balles zu setzen oder Korberfolge zu erzielen. Der Ball darf in jeder Richtung zugespielt, geworfen, geschlagen, gerollt oder gedribbelt werden unter Berücksichtigung der in den folgenden Regeln niedergelegten Einschränkungen''[7].
Diese Einschränkungen sind in der zitierten, 60 Seiten umfassenden Broschüre exakt dargelegt. Ein Eingehen darauf würde den Rahmen dieser Arbeit sprengen, weshalb ich mich auf die wesentlichen technischen und taktischen Elemente beschränken möchte.

2.1.1 Die technischen Elemente

Das Zuspiel besteht aus der Ballannahme (Fangen) und der Ballabgabe (Abspiel). Es ist die Voraussetzung für jegliche Spielbeteiligung und setzt die Interaktion von mindestens zwei Spielern voraus. Es wird in der Form vom Druck-, Überkopf- und Schlagwurf im Spiel angewendet.
Das Dribbling kann einhändig und beidhändig am Ort und in der Bewegung eingesetzt werden. Mit Hilfe des Dribblings kann sich ein Spieler von einer dichten Verteidigung lösen oder einen individuellen Durchbruch zum Korb starten.
Der Korbwurf kann als Nah-, Halbdistanz- und Weitwurf aus dem Stand und aus der Bewegung realisiert werden. Die erfolgreiche einhändige oder beidhändige Anwendung ist der Abschluß eines Angriffs.

2.1.2 Die taktischen Elemente

Von den vielfältigen taktischen Elementen sollen als wesentlichste die Manndeckung und die Raumdeckung erwähnt werden.
Die Manndeckung führt in ihrer konsequenten Anwendung zu permanenten Zweikämpfen, was von beiden Seiten ein hohes technisches Können voraussetzt, um häufige Unterbrechungen wegen Regelwidrigkeiten zu vermeiden. Der Nachteil liegt in der mangelhaften Ausgleichsmöglichkeit von individuellen Schwächen der Mitspieler.

---

[7] Internationaler Amateur-Basketball-Verband (F.I.B.A.), Offizielle Basketball-Regeln für Männer und Frauen, Berlin 1979, 7.

Die Raumdeckung bietet im Gegensatz dazu eher die Möglichkeit, auftretende Schwächen der Mitspieler einzukalkulieren und durch günstigere Standortbestimmungen o. ä. zu relativieren. Sie ist eine gute Orientierungsmöglichkeit, da der abzuschirmende Raum für den einzelnen Spieler begrenzt und überschaubar ist.
Ihr Nachteil liegt darin, daß sie dem Gegner die Möglichkeit einräumt, ungehindert einen Angriff aufzubauen und für gute Weitwerfer leicht zu überwinden ist.

2.2 BEGRÜNDUNG DER STOFFAUSWAHL

Ich halte die Einführung des Basketballspiels in der Schule und speziell für einen koedukativen Kurs aus mehreren Gründen für geeignet.
— Ein Spiel ist bereits möglich bei noch wenig entwickelten motorischen Fertigkeiten. Mit dem unspezifischen Fangen und Werfen sind die Grundvoraussetzungen schon gegeben.
— In einem „Spiel ohne Körperberührung"[8] ist die direkte Einwirkung der gegnerischen Körperkräfte nicht gegeben. Konstitutionell bedingte Unterschiede können durch technisches und taktisches Verhalten bis zu einem gewissen Grade ausgeglichen werden.
— Der Materialaufwand — zwei Körbe und ein Ball — ist so gering, daß Basketball auch außerhalb der Turnhalle gespielt werden kann.
— Die Form des Mannschaftsspiels begünstigt gruppendynamische Prozesse und kann eine Motivation für leistungsschwache Schüler zur Folge haben.

2.3 DIDAKTISCHE REDUKTION

Der Druckpaß ist der schnellste und genaueste Paß und ist somit aus ökonomischen Gründen für ein Basketballspiel notwendig. Seine erfolgreiche Vermittlung ist eine Grundvoraussetzung für das Gelingen eines kontinuierlichen Spiels, was wiederum eine Notwendigkeit für ein positives Spielerlebnis ist.
Gleichzeitig mit der motorischen Realisierung des Druckpasses muß seine Anwendung im Spiel unter sozialen Gesichtspunkten garantiert werden. Dabei sollte die Zielidee die gleiche Beteiligung aller Mitspieler sein. Mit Verfahren, die später noch erläutert werden, soll zunächst herausgefunden werden, wer überhaupt viel bzw. wenig am Spiel beteiligt ist. Die Lerngruppe soll das Ergebnis analysieren und Möglichkeiten für eine Angleichung erarbeiten.
Das kann positiv nur dann erreicht werden, wenn alle daran mitarbeiten. Dazu bedarf es der Vermittlung von Verhaltensweisen im Spiel wie Freilaufen und Deckungsarbeit. Von den vielfältigen Möglichkeiten halte ich die Raumdeckung für am geeignetsten, da sie bei Ballverlust eine Orientierungshilfe ist, ein Aufeinanderabstimmen innerhalb der Gruppe permanent erfordert, für alle Teilnehmer überschaubar ist, die individuellen Schwächen eines Spielers ziemlich relativieren und für die Gruppe eine konditionelle Pause bedeuten kann.

---

[8] Internationaler Amateur-Basketball-Verband (F.I.B.A.), a. a. O., 33.

Gleichzeitig wird bei der Vermittlung für die Angreifer das Freilaufen geübt, wobei das Zuspiel über ein nahezu gleichseitiges Dreieck als ein sicheres Mittel erkannt wird, um möglichst lange im Ballbesitz zu bleiben.

In der Einführungsphase soll zunächst ohne Regeln gespielt werden. Das bedeutet eine einheitliche Basis, von der in jedem Kurs — und erst recht in heterogenen — ausgegangen werden muß. Es dürfte jedoch den Schülern nicht schwerfallen, die notwendigen Regeln mit Hilfe von Unterrichtsgesprächen und Videoaufzeichnungen selbst herauszufinden. Das hat als Konsequenz das permanente Offenlegen von Konflikten.

Diese Konflikte sollen nicht dadurch gelöst werden, daß unsoziales Verhalten mit Sanktionen belegt wird, die dem Leistungssport entlehnt sind, und über die ein Schiedsrichter mehr oder minder autoritär verfügt. Es soll vielmehr angestrebt werden, daß jeder sein eigener Schiedsrichter ist und sich beim Ausball, Foulspiel usw. freiwillig zu seinem Fehler bekennt und den Ball dem Gegenspieler gibt. So wird eine Unsportlichkeit immer eine Herausforderung für den „Sünder" und nicht für den Schiedsrichter, der beweisen soll, daß er den Sachverhalt richtig gesehen hat.

Bei Konflikten, die unter den Schülern nicht gelöst werden können, besteht für den Lehrer immer noch die Möglichkeit, das Spiel zu unterbrechen, die Schüler zusammenzurufen, das Problem aufzuarbeiten und zu einer von allen getragenen Regelung im Wiederholungsfall zu gelangen.

Wenn auf eine spezielle Schulung der Ballannahme, die bei der Vermittlung des Druckpasses automatisch geschult wird, verzichtet werden kann, bietet sich nach einer gewissen Stabilisierung des Spielverhaltens als zweite motorische Fertigkeit ein Korbwurf an. Von ihm geht natürlich eine starke Motivation aus, da ein gelungener Korbwurf immer ein individuelles Erfolgserlebnis ist. Um so mehr muß jedoch auch hier wieder an die soziale Komponente gedacht werden, damit die Erfolgserlebnisse nicht auf einige wenige beschränkt bleiben. Es soll deshalb darauf geachtet werden, daß im Spiel jeder die Chance bekommt, die erlernte Bewegung anzuwenden. Da zunächst der leichteste Wurf erlernt werden soll, bietet sich die Vermittlung des einhändigen Korbwurfs aus dem Stand an.

Das Dribbeln, das in vielen Büchern zu den Grundvoraussetzungen gerechnet wird, soll in dieser Einführungsphase nicht behandelt werden. Es gehört nämlich zum Selbstverständnis des einsichtigen Lernens, daß die erlernten Fertigkeiten im Spiel angewendet werden sollen. Da das Dribbeln jedoch eine ziemlich individuelle und eigensinnige Spielweise ist, muß es in einer *Einführungsphase* zwangsläufig das Sozialverhalten negativ beeinflussen — ein Anfänger schaut beim Dribbeln auf den Ball und verliert somit die Übersicht. Da nach dem oben geschildertem Spielansatz die Kommunikation als Priorität gesetzt wird, müssen alle Fertigkeiten, die ihr entgegenstehen, unberücksichtigt bleiben.

Da die materiellen Bedingungen der Freizeitsituation nicht den normierten Bedingungen einer Sporthalle entsprechen, soll in der Einführungsphase auf jeden Fall ein Spiel außerhalb dieser Normen, im Freien, ermöglicht werden. „Erst wenn man die genormte Sporthalle mit Netz und Linien verläßt, im Freien ohne Leine und Umgrenzungen steht, dann wird die große Unsicherheit sichtbar, in die man ohne genormte und damit schützende Zubehöre gerät"[9]. Nicht selten führen solche „fehlerhaften Bedingungen", wie sie oben für das Volleyballspiel benannt wurden, und das Bewußtsein mangelhafter Technik zur Resignation der Spieler[10]. Um das zu vermeiden, sollen die Schüler nicht ausschließlich auf das genormte Spiel verpflichtet werden. Stattdessen sollen sie lernen, bekannte Spielhandlungen nach Bedarf zu ändern und in angemessener Form den veränderten Bedingungen anzupassen.

2.4 BEGRÜNDUNG DES UNTERRICHTSVERFAHRENS

Bevor ich das hier benutzte Unterrichtsverfahren begründe, möchte ich auf die beiden Lehrweisen eingehen, die in der Literatur und in der Praxis berücksichtigt werden. Da beide häufig nicht deutlich ausgesprochen werden, stelle ich die Positionen vor, auf die die meisten methodischen und didaktischen Ansätze letztendlich zurückzuführen sind.

2.4.1 Das erfolgsorientierte Leistungsspiel

„Das Sportspiel wird als erfolgsorientiertes Leistungsspiel gesehen, motorische Eigenschaften, motorische Fertigkeiten, Taktik gelten als herausgehobene Zielbereiche; das Zielspiel soll möglichst ökonomisch und ohne Zeitaufwand erlernt werden"[11].
Nach dieser Definition konkretisiert sich der Inhalt des Unterrichts folgendermaßen: Das normierte Sportspiel, in diesem Falle Basketball, soll mit allen seinen Regeln, Techniken und Fertigkeiten so schnell und gut wie möglich erlernt werden. In diesem Unterricht können nur die Schülervorschläge berücksichtigt werden, die sich mit der Zielstellung vereinbaren lassen. Da das normierte Spiel bis zum geringsten Detail geregelt ist und deshalb kaum Alternativen zuläßt, ist die Entfaltungsmöglichkeit der Schüler sehr stark beschnitten.
Die leistungsmäßig schwachen Schüler sind im normierten Spiel permanent benachteiligt, da auftretende Konflikte nach dem Konkurrenzprinzip ausgetragen bzw. vom Schiedsrichter geregelt werden. Sie können die gesetzten Normen nicht erfüllen und ihr Protest wird kaum Erfolg haben, „da sie ja eh die Schwächeren, die Flaschen sind". Das führt oft dazu, daß sie ihr Eigeninteresse nicht mehr artikulieren, ja verleugnen, Schuldgefühle entwickeln und den Unterricht nur noch pflichtbewußt, desinteressiert und schweigend wahrnehmen. Da das nicht das Ergebnis von Sportunterricht in der Schule sein darf, erscheint diese Methode ungeeignet, die o. a. Lernziele zu erreichen.

---

[9] BERNSDORFF, Walter, „Freizeit" als Bezugsfeld für ein Sportcurriculum?, in: JOST, Eike, Sportcurriculum, Entwürfe — Aspekte — Argumente, Schorndorf 1973, 168.

[10] Vgl. BRODTMANN, Dieter, Sportliche Sozialisation als Bezugsfeld eines Sportcurriculums, in: JOST, a. a. O., 144.

[11] KLEINE-TEBBE, Manfred, Unterschiedliche didaktische Ansätze in der Spielerziehung und ihre methodischen Konsequenzen, in: Sportunterricht, 24. Jahrgang, 12/75, 401.

Ein weiterer Nachteil — auch für gute Schüler — liegt in der mangelhaften Legitimation des inhaltlichen und methodischen Vorgehens, weil „der Sinn bzw. Zweck der Fertigkeiten bzw. Handlungsstrategien immer erst *nachträglich* (Hervorhebung von M. C.) einsichtig wird, wenn sich nämlich die Technik als Teil der Handlungsstrategie und diese als Teil des Gesamtzusammenhangs erweisen kann"[12].

2.4.2 Das Mannschaftsspiel

Die alternative Lehrweise von Sportspielen, die meine Zustimmung findet, basiert auf folgender Einschätzung von Manfred Kleine-Tebbe:
„Das Sportspiel wird als Mannschaftsspiel (Betonung des Miteinanderspielens der Spielpartner) definiert, der Aspekt der Interaktion und Kommunikation wird betont"[13].
In dieser Definition wird nicht von motorischen Fertigkeiten gesprochen. Ziel des Spiels ist das Spielen und somit Interaktion und Kommunikation in einer Gruppe. Dabei wird nicht von einem komplizierten Regelwerk ausgegangen, sondern nur von bestimmten Rahmenbedingungen. In diesem Fall von einem Basketball mit zwei Körben in einer Turnhalle. In dieser Art von Unterricht hat der Lehrer die Aufgabe, „auftretende Probleme zu diagnostizieren und die Schüler bei individuellen und sozialen Schwierigkeiten zu beraten, und zwar so, daß er ihnen die Möglichkeit der eigenverantwortlichen Lösung einräumt"[14].
Selbstverständlich werden auch motorische Schwierigkeiten auftauchen, die behoben werden müssen. Der Vorteil liegt hier jedoch in der *vorherigen* Erfahrung und Einsicht in die Notwendigkeit, eine spezielle motorische Fertigkeit zu erlernen wie z. B. den Korbwurf.
Um die Motivation zu steigern, soll das Reflexionsniveau der Schüler durch die Analyse der Stunde soweit angehoben werden, daß sie zur Benennung des Themas für die Folgestunde selbst in der Lage sind oder die Notwendigkeit einer bestimmten Zielstellung begreifen.
Ob die jeweiligen Inhalte durch die Anwendung der Spielreihe oder Übungsreihe vermittelt werden, muß nach den geforderten Kriterien im Einzelfall beantwortet werden.

2.5 MEDIEN

Meine Schule verfügt über eine Videoanlage, mit der ich das Spielverhalten zu Beginn und Ende dieser Einführungsphase aufzeichne, so daß der Lernerfolg sehr gut demonstriert werden kann. Die Anfangssituation wird gemeinsam mit den Schülern analysiert, wodurch eine Sensibilisierung für das Sozialverhalten erreicht wird, was sich in der von den Schülern ausgearbeiteten Spielkonzeption niederschlagen soll.

---

[12] DIETRICH, Knut, Die Kontroverse über die Lehrweise der Sportspiele, in: Beiträge zur Didaktik der Sportspiele, Schorndorf 1974, 97.
[13] KLEINE-TEBBE, Manfred, a. a. O., 401.
[14] KLEINE-TEBBE, Manfred, a. a. O., 401.

Da die Videoanlage nicht immer in der Halle eingesetzt werden kann, werden für die Überprüfung bestimmter Verhaltensweisen Beobachtungsbögen eingesetzt. Die Schüler erhalten dadurch ein genaues Bild über die Spielbeteiligung in Form von Druckpaß- und Korbwurfanwendung, was für eine Verbesserung und Angleichung notwendig ist.
Um diese Beobachtungen optisch zu verdeutlichen, ist die Installierung einer Tafel in der Turnhalle notwendig. Für diesen Zweck wurde mir vom Hausmeister eine ausrangierte Tafel zur Verfügung gestellt, die bei Bedarf in der Turnhalle aufgestellt werden kann.
Die kognitive Erfassung der Bewegungsabläufe erarbeite ich in diesem Kurs mit einem Lehrbuch über Basketball[15]. Da die Sportbibliothek kaum Bücher hat und schon gar nicht im Klassensatz, habe ich die entsprechenden Seiten des Buches in der Druckerei der Schule vervielfältigen lassen und werde sie jedem Schüler aushändigen.
Die Schule verfügt auch über vier Korbballständer, die im Freien benutzt werden. Mit diesen und acht Eckfahnen können die Schüler auf einem Rasenplatz zwei Spielfelder abgrenzen.
Eine gute Voraussetzung für die Unterrichtsreihe ist die Tatsache, daß mir für 18 Schüler eine ganze Turnhalle mit neun Basketbällen zur Verfügung steht.

2.6 GEPLANTE REIHENFOLGE DER STUNDEN

1. Spiel ohne Regeln.
2. Entwicklung einer Spielkonzeption.
3. Ballannahme und Druckpaß.
4. Einhändiger Korbwurf aus dem Stand.
5. Raumdeckung.
6. Spiel im Freien.
7. Lernerfolgskontrolle.

Versteht man die Lernerfolgskontrolle als Zwischentest, ergeben sich für die Stunden bis zum Semesterende noch folgende Fertigkeiten, die unter weiterer Einbeziehung sozialer Lernziele vermittelt werden können.

— Zweikontaktrhythmus in Verbindung mit Dribbling und Sternschritt.
— Korbleger aus dem Zuspiel und aus dem Dribbling.
— Verteidigungsdreieck mit vorgezogenen Abwehrspielern.
— Sprungwürfe aus mittlerer Distanz.

2.7 GEPLANTE LERNERFOLGSKONTROLLE

Die Lernerfolgskontrolle am Ende der Einführungsphase soll aus zwei Teilen bestehen; in einem werden die motorischen Fertigkeiten überprüft, im anderen ihre Anwendung im Spiel unter gruppendynamischen und sozialen Gesichtspunkten.

---

[15] KÖHLER, Irene, Basketball, Berlin 1974.

2.7.1 Die motorische Lernzielkontrolle

Als motorische Lernziele werden Druckpaß und einhändiger Korbwurf aus dem Stand überprüft, deren Bewertung sich aber nur auf die Ausführung der Bewegung beschränken soll. Die Zielgenauigkeit beim Druckpaß und die Treffsicherheit beim Korbwurf sollen nicht berücksichtigt werden, wofür ich mich aus folgenden Gründen entschied:

Die einzelnen Schüler haben unterschiedliche Voraussetzungen, was den Fertigkeitsstand im Basketballspiel betrifft. Einige haben im früheren Unterricht häufig, andere noch gar nicht Basketball gespielt. Es muß also eine Aufgabe gefunden werden, die niemanden von vornherein benachteiligt, im Unterricht behandelt wurde und eine Herausforderung für alle ist.

Würde beispielsweise die Trefferquote beim Korbwurf in die Beurteilung eingehen, wären die Schüler — vornehmlich die Jungen — bevorteilt, die über Basketballerfahrungen verfügen, da relative Treffsicherheit ein Ergebnis längeren Trainings ist.

Das gewählte Verfahren ist jedoch eine Herausforderung für alle: Für die Mädchen und unerfahrenen Schüler, eine Bewegung zu begreifen und zu realisieren, für die erfahreneren Jungen, evtl. eingeschliffene falsche Bewegungsausführungen zu korrigieren.

2.7.2 Die soziale Lernzielkontrolle

Während die Überprüfung der motorischen Lernziele relativ einfach ist, ergeben sich Probleme bei der Operationalisierung der sozialen Lernziele.

„Nur diejenigen Elemente eines Lernziels können operationalisiert werden, die ein steuerbares und unter den gegebenen Randbedingungen abrufbares Verhalten des Lernenden zum Gegenstand haben. Nicht operationalisierbar sind dagegen diejenigen Elemente einer Zielformulierung, die ein selbständiges und selbstverantwortetes Handeln der Lernenden fordern"[16].

Die Aufgabe besteht also darin, dem Schüler eine klar umrissene Anweisung zu geben, die es ermöglicht, sein bei deren Lösung gezeigtes soziales Verhalten zu beurteilen. Ob ein in der Prüfungssituation gezeigtes positives Verhalten (z. B. Kooperationsbereitschaft) schon zum Verhaltensmuster geworden ist — von dem Schüler auch in einer anderen Situation praktiziert wird —, kann selbstverständlich nicht überprüft werden.

Der operationalisierbare Teil der sozialen Lernziele soll jeweils am Ende der Einführungsphase und des Kurses in einem Testspiel überprüft werden, da soziales Verhalten per definitionem nur im Interaktionsprozeß existiert.

An dem im Spiel ablaufenden Gruppenprozeß sind die einzelnen Mitspieler unterschiedlich beteiligt. Sie haben auch unterschiedliche Voraussetzungen (Übersicht, Konstitution, usw.), um einen positiven Beitrag zu leisten.

---

[16] MEYER, Hilbert L., Trainingsprogramm zur Lernzielanalyse, Frankfurt am Main, 1974, 64.

Es muß dennoch versucht werden, einen Maßstab zu finden, der für alle Gültigkeit besitzt. Für die Einführungsphase liegt er darin, ob die Schüler in der Lage sind, folgendes Spielverhalten zu entwickeln:
— Kooperation im Spiel; nachgewiesen an erfolgreicher Anwendung der Raumdeckung.
— Einsatz für die gleichmäßige Spielbeteiligung aller Schüler; überprüft am Protokoll der Ballkontakte und Korbwürfe.

Da die Schüler in der Einführungsphase ein positives Gruppenverhalten entwickeln sollen, halte ich es für falsch, diesen Prozeß durch eine differenzierte Benotung des Sozialverhaltens der einzelnen Gruppenmitglieder zu belasten[17].

Als Beurteilung wird den Schülern nach einem Testspiel nur mitgeteilt:

Die Aufgabe wurde   a) gelöst
von der Gruppe   b) nicht gelöst

Bei der Gesamtbeurteilung des Sozialverhaltens der Schüler am Ende des Kurses wird jedoch differenziert werden nach den unterschiedlichen Beiträgen, die sie zur Erreichung des Gruppenergebnisses geleistet haben.

Die Note berücksichtigt am Ende des Kurses insgesamt und zu gleichen Teilen
— die Intensität und Qualität der Mitarbeit im Unterricht,
— das Ergebnis eines Abschlußtests, der aus folgenden drei Teilen besteht:
  — Überprüfung des Sozialverhaltens in einem Testspiel (50%),
  — Überprüfung des motorischen Fertigkeitsstands an ausgewählten Übungen (25%),
  — Überprüfung der kognitiven Leistungen anhand von Bewegungsanalysen (25%).

---

[17] Von dieser Regelung müßte abgewichen werden, wenn ein Schüler die Anstrengungen der Gruppe boykottiert. Das wird von mir jedoch nicht erwartet.

3. Unterrichtsvoraussetzungen

3.1 DIE MATERIELLE SITUATION

Die materielle Situation an meiner Schule ist durch akuten Turnhallenmangel gekennzeichnet. Neben der Schule befindet sich eine Turnhalle in Basketballfeldgröße, die allein für den Sportunterricht nicht ausreicht. Deshalb finden einige Sportstunden in umliegenden Turnhallen statt, was aber einen Fußweg von zehn und fünfzehn Minuten zur Folge hat. Die außerhalb der Schule benutzten Turnhallen sind noch kleiner.
Da der Raummangel dadurch aber noch nicht behoben ist, befinden sich in der Mittelstufe immer zwei Parallelklassen gleichzeitig in der Halle, so daß sich dort ungefähr 60 Personen aufhalten. Der Unterricht findet geschlechtlich differenziert statt, die Halle wird in der Mitte geteilt und der Sportlehrer unterrichtet in einer Hälfte die Jungen, die Sportlehrerin in der anderen die Mädchen.
Es ist an der Schule üblich, daß der Sportlehrer zur Entlastung seiner Gruppe die Hälfte der Schüler auf dem asphaltierten Schulhof Fußball spielen läßt, so daß er wenigstens mit 15 Schülern einigermaßen unterrichten kann.
Da die Mädchen diese Ausweichmöglichkeiten nicht haben, werden sie im Winter — im Sommer steht ein Sportplatz zur Verfügung — noch stärker benachteiligt, da sie nur den Unterricht kennenlernen, der mit 30 Schülern in einer Hallenhälfte realisiert werden kann.
Diese ungünstige Unterrichtssituation wurde weiterhin dadurch verschlechtert, daß dem Lehrer für jede Art von Sportspiel in der Mittelstufe nur *ein* Ball zur Verfügung stand, für dessen Lagerung er selbst verantwortlich war. Die restlichen Bälle wurden für die Kurse der Oberstufe reserviert.
Diese Praxis wirkte sich natürlich auf die Ausbildung der motorischen Spielfertigkeiten hemmend aus, da mit *einem* Ball kein anderer Unterricht möglich war, als die Schüler einfach spielen zu lassen.
Um den Unterricht jedoch auch in der Mittelstufe zu verbessern, wurde vor kurzer Zeit auf einer Fachbereichskonferenz die zentrale Lagerung der Bälle beschlossen.

3.2 DIE SITUATION DER LERNGRUPPE

Vor Meldeschluß der Schüler für die Wahl ihrer Kurse bin ich durch alle zehnten Klassen gegangen, um die Einrichtung eines Basketballkurses in koedukativer Form bekanntzugeben. Bei dieser Gelegenheit teilte ich den Schülern mit, daß das vorrangige Ziel des Kurses sei, Basketball so zu spielen, daß es trotz unterschiedlicher Voraussetzungen allen Spaß mache. Spezielle Grundkenntnisse seien dafür nicht erforderlich.
Bei diesem Rundgang entschieden sich sechs Schülerinnen und acht Schüler für den Kurs. Vier weitere Schüler wurden später zugeteilt, da die Kurse ihrer Wahl überbe-

legt waren. Ihre nichtfreiwillige Teilnahme hatte keine negativen Auswirkungen im Unterricht zur Folge.

Demnach besteht die Lerngruppe aus sechs Schülerinnen und zwölf Schülern, die sich untereinander wenig kennen. Sie sind zwischen 16 und 18 Jahre alt und kommen bis auf Detlef L., der im fünften Semester des Kurssystems ist, aus sechs verschiedenen zehnten Klassen.

Die Leistungsspanne der Teilnehmer ist beträchtlich, da sechs Schüler ein hohes Leistungsniveau aufweisen, während einige Schülerinnen vorher noch nie Basketball gespielt haben. Ebenso groß sind die Unterschiede in der Körpergröße; Michael K. ist 190 cm und Sabine K. 150 cm groß.

Für den Kursleiter bestand die Aufgabe zunächst darin, folgende Schwierigkeiten überwinden zu helfen: Die Fremdheit der Schüler untereinander, die Unsicherheit als Folge mangelhafter Koedukationserfahrung (Koedukation tritt an dieser Schule nur vereinzelt aus organisatorischen Gründen auf) und die Angst der motorisch gehemmten oder im Basketballspiel unerfahrenen Schüler. Außerdem mußte einkalkuliert werden, daß Lehrer und Schüler einander unbekannt waren.

Die Haltung der Schüler diesem Kurs gegenüber war trotz benannter Hindernisse von Beginn an aufgeschlossen und interessiert. Ihre positive Einstellung blieb meiner Beobachtung nach bei fast allen Schülern während des ganzen Kurses erhalten.

4. Die Lernziele der Unterrichtsreihe

4.1 DIE GROBZIELE [18]

1. Die Schüler organisieren ein basketballähnliches Spiel über 40 Minuten und bringen ihre Erfahrungen im abschließenden Gruppengespräch zum Ausdruck.
2. Aus der Analyse der ersten Stunde entwickeln sie die Ansätze einer Spielkonzeption für koedukatives Basketballspiel.
3. Sie entwickeln eine Bewegungsvorstellung vom Druckpaß. Sie üben den Druckpaß aus dem Stand und wenden die erlernte Bewegung im Spiel an.
4. Sie üben den Druckpaß in spielnaher Situation und wenden die erlernte Fähigkeit im Spiel an. Sie beachten beim Freilaufen die Dreiecksbildung mit Gegner und Mitspieler.
5. Sie entwickeln eine Bewegungsvorstellung vom einhändigen Korbwurf aus dem Stand. Sie üben die Fertigkeit ein und wenden sie im Spiel an.
6. Sie lernen die Vor- und Nachteile der Raumdeckung kennen, üben ihre Formation ein und wenden sie im Spiel an.
7. Sie organisieren ein Spiel außerhalb der Turnhalle und erkennen dadurch den Freizeitwert des Basketballspiels.

4.2 DIE FEINZIELE

4.2.1 Die motorischen Lernziele

1. Die Schüler führen mit Hilfe des Druckpasses ein genaues Abspiel durch.
2. Sie laufen sich frei, indem sie mit Gegner und Mitspieler ein gleichseitiges Dreieck bilden.
3. Sie wenden im Spiel den einhändigen Korbwurf aus dem Stand an.
4. Sie wenden im Spiel die Raumdeckung an.
5. Sie führen auf der Wiese ein Basketballspiel ohne Dribbling durch.
6. Sie verbessern die allgemeinen motorischen Grundeigenschaften: Kraft, Ausdauer, Schnelligkeit, Geschicklichkeit, Beweglichkeit.

4.2.2 Die kognitiven Lernziele

1. Die Schüler erkennen die Notwendigkeit, für die bestehende Lerngruppe eine Spielkonzeption zu erstellen.
2. Sie erkennen bei ihren Mitspielern starke und schwache Spielbeteiligung.

---

[18] Die angegebenen Grobziele sind die tatsächlichen der durchgeführten Unterrichtsreihe. Sie weichen nur geringfügig von der Planung ab, die auf Seite 14 angegeben ist.
Die Einfügung der vierten Stunde wurde notwendig, da die Schüler sich in der Ausübung des Druckpasses noch nicht sicher genug fühlten. Dadurch verlängerte sich die Einführungsphase um eine Stunde.

3. Sie entwickeln Regeln, mit deren Hilfe auftretende Konflikte behoben werden.
4. Sie erkennen die einzelnen Elemente vom Druckpaß und vom Korbwurf, erarbeiten die Hauptphase und können die Bewegungsabläufe mit eigenen Worten beschreiben.
5. Sie erkennen die Funktionsweise der Raumdeckung und können ihre Vor- und Nachteile benennen.
6. Sie begreifen aufgrund der Stundenanalyse den notwendigen Unterrichtsgegenstand der jeweiligen Folgestunde.

4.2.3 Die instrumentellen Lernziele

1. Die Schüler grenzen ein Spielfeld außerhalb der Turnhalle ab.
2. Sie sind in der Lage, die materiellen Bedingungen der Umgebung zu berücksichtigen.

4.2.4 Die sozialen Lernziele

1. Die Schüler passen sich der bestehenden Gruppenstruktur an und akzeptieren die Äußerungen ihrer Mitschüler.
2. Sie lernen, bestehende Ungleichheiten in der Spielbeteiligung abzubauen.
3. Sie entwickeln die Fähigkeit, auf leistungsschwächere Schüler einzugehen.
4. Sie verbessern durch Mimik und Gestik die Verständigung im Spiel.
5. Sie versuchen, auftretende Konflikte ohne Schiedsrichter zu lösen.
6. Sie organisieren in den einzelnen Spielgruppen eine Raumdeckung.

4.2.5 Die affektiven Lernziele

1. Die Schüler bauen zugunsten einer besseren Kooperationsbereitschaft das Konkurrenzdenken ab.
2. Sie sensibilisieren sich für die geringere Beteiligung der schwächeren Schüler.
3. Sie entwickeln eine flexible Einstellung zum normierten Basketballspiel.
4. Sie entwickeln längerfristig eine positive Einstellung gegenüber Koedukation im Sport.

5. Die Durchführung der Unterrichtsreihe

Die durchgeführte Unterrichtsreihe dauerte ingesamt drei Monate, da aus schulorganisatorischen Gründen (Ferien, Klausuren, Schulveranstaltungen) mehrere Stunden ausfielen. Der Kurs fand einmal in der Woche statt und umfaßte jeweils eine Doppelstunde. Er wurde von den Teilnehmern, soweit sie nicht durch Krankheit verhindert waren, regelmäßig besucht.
Einige Stunden — gemeint sind jeweils Doppelstunden —, die wegen ihres Inhalts als exemplarisch zu betrachten sind, werden ausführlich dargestellt: Die erste Stunde zeigt den Ansatz der gesamten Unterrichtskonzeption und die Erfahrungen, die die Schülerinnen und Schüler[19] bei ihrem ersten koedukativen Spielversuch gemacht haben.
Die dritte Stunde wurde ausgewählt, um zu demonstrieren, wie motorische Fertigkeiten — in diesem Fall der Druckpaß — vermittelt wurden und wie ihre Anwendung im Spiel unter sozialen Gesichtspunkten erreicht werden kann.
In der siebenten Stunde wird ausführlich dargestellt, welche Erfahrungen die Schüler mit dem Basketballspiel außerhalb der Turnhalle gemacht haben und wie eine Anpassung an wechselnde Bedingungen erreicht wird.
Die Feinziele werden für jede Stunde angegeben. Da viele Lernziele der affektiven und sozialen Lernzielebene für die gesamte Einführungsphase gelten, sind nur diejenigen aufgenommen worden, die für die jeweilige Stunde eine Konkretisierung der allgemeinen Lernziele bedeuten.

---

[19] Im folgenden Schüler.

6. Die erste Unterrichtsstunde

6.1 THEMA DER STUNDE: BASKETBALLSPIEL OHNE REGELN

6.2 DIDAKTISCH-METHODISCHE ENTSCHEIDUNGEN

Die erste Stunde soll allen Beteiligten — Schülern und Lehrern — eine Übersicht über den Fertigkeitsstand und das Sozialverhalten der Lerngruppe vermitteln; außerdem sollen die Schüler ihre Fähigkeit zur Kommunikation im Spiel und im abschließenden Unterrichtsgespräch zum Ausdruck bringen.

Um für eine Selbstkontrolle der Schüler optimale Voraussetzungen zu schaffen, wird diese Stunde auf Videoband aufgezeichnet. Sie ist damit Demonstrationsobjekt der nächsten Stunde und Wiedergabe des Ist-Zustandes, von dem bei der Analyse und für die weitere Planung ausgegangen werden muß.

In dieser Stunde erhalten die Schüler nach einer von mir angeleiteten Gymnastik einen Zeitraum von etwa 40 Minuten, in dem sie zeigen, ob und wie sie ein Spiel in freier Entscheidung organisieren können und dabei auftretenden Konflikten begegnen (Spiel in drei oder vier Gruppen, Turnierform oder je zwei Gruppen auf einen Korb).

Bewußt wird von mir der Hinweis gegeben, daß ohne Regeln zu spielen sei, und zwar aus folgenden Gründen:
1. Wahrscheinlich existiert in der Gruppe ein Niveauunterschied vom perfekten Kenner aller Spielregeln bis zum unkundigen Anfänger. Es soll daher ein Spiel auf niedrigster aber gemeinsamer Ebene durchgeführt werden.
2. Beim Spiel ohne Regeln sind soziale und unsoziale Verhaltensmuster in ihren jeweiligen Extremen erkennbar.
3. Durch das Spiel, das nach kurzer Zeit chaotisch enden kann, sollen bestimmte, von den Schülern zu findende Regeln als notwendig erkannt und entwickelt werden.

Aus diesem Unterrichtsabschnitt ziehe ich mich als Lehrer soweit wie möglich zurück, um den Schülern das Gefühl der Selbstverantwortung zu geben. Als positive Randerscheinung resultiert daraus, daß ich mich besser auf die Videoaufzeichnung konzentrieren kann. Bei Konflikten, die die Schüler nicht lösen können, werde ich natürlich eingreifen.

Die Spielerfahrungen werden von den Schülern im abschließenden Unterrichtsgespräch zum Ausdruck gebracht. Gerade für einen koedukativen Kurs ist es eine wesentliche Voraussetzung, daß die Schwächeren — in der Mehrheit die Mädchen[20] —

---

[20] Unabhängig von der verschiedenartigen sportspezifischen Sozialisation sind die Mädchen an dieser Schule schon wegen der materiellen Ausstattung benachteiligt. Wegen der oben beschriebenen schlechten Bedingungen verfügen sie nur über geringe oder überhaupt keine Spielerfahrung, von motorischen Fertigkeiten ganz zu schweigen.

ihre negativen Erfahrungen artikulieren; dadurch soll das positive Individualerlebnis des guten und erfolgreichen Sportlers relativiert werden zugunsten einer Sensibilisierung für die Situation der Schwächeren. Kann dieser Sensibilisierungsprozeß in Gang gesetzt werden, ist die Grundvoraussetzung für ein erfolgreiches und freudvolles Spielerlebnis aller Beteiligten gegeben.
Das Unterrichtsgespräch wird auf Tonband aufgenommen, um die Beiträge später zu ordnen und die Probleme grundsätzlicher Art in der nächsten Stunde zu diskutieren. Um die Schüler von vornherein daran zu gewöhnen, die folgende Stunde mitzuplanen, wird der Verlauf der nächsten Stunde besprochen und in den Grobzügen vorstrukturiert.

6.3 UNTERRICHTSZIELE

6.3.1 Grobziel
Die Schüler organisieren ein basketballähnliches Spiel über 40 Minuten und bringen ihre Erfahrungen im abschließenden Gruppengespräch zum Ausdruck.

6.3.2 Feinziele

1. motorisch
1.1 Die Schüler lockern und erwärmen mit einer Gymnastik ihre Muskulatur
1.2 Sie entwickeln und festigen ihr Gefühl für den Basketball
1.3 Sie koordinieren Laufen-Werfen und Laufen-Fangen
1.4 Sie üben sich im unspezifischen Korbwurf
1.5 Sie fördern ihre konditionelle Leistung

2. kognitiv
2.1 Sie erkennen die Wirkungen der gymnastischen Übungen auf spezifische Muskelpartien
2.2 Sie legen Gruppengröße und Zusammensetzung fest
2.3 Sie erkennen Konflikte und versuchen sie zu lösen
2.4 Sie erkennen, daß für das Gelingen des Kurses trotz aller Unterschiede ein Konsens gefunden werden muß
2.5 Sie erkennen die Notwendigkeit bestimmter Regeln
2.6 Sie beteiligen sich an der Strukturierung der nächsten Stunde

3. sozial
3.1 Ihre Kommunikationsfähigkeit wird durch Spiel in der Kleingruppe und Gespräch in der Gesamtgruppe entwickelt
3.2 Die Anpassung an die bestehende Gruppenstruktur wird eingeleitet

4. affektiv
4.1 Es kommt zu einer Aufnahmebereitschaft für koedukatives Basketballspiel
4.2 Die Schüler beginnen, eine Werthaltung gegenüber Koedukation im Sport zu entwickeln

6.4 GEPLANTER UNTERRICHTSVERLAUF

Die Verlaufsplanung des Unterrichts mit Phasen- und Zeiteinteilung, Zuordnung der Feinziele, Lehrer- und Schüleraktivität, Sozialformen, Medien und didaktischer Begründung ist folgendem Schema zu entnehmen.
Da die Schüler- und Lehreraktivitäten in einem Wechselverhältnis stehen und sich gegenseitig beeinflussen, werden sie in einer Sparte zusammengefaßt.

6.5 DURCHFÜHRUNG UND ANALYSE DER STUNDE

Vor der Stunde hatte ich die gesamte Videoanlage und die Kamera in der Turnhalle aufgebaut. Im einführenden Gespräch informierte ich die Schüler über den geplanten Kurs- und Unterrichtsverlauf und begründete die Notwendigkeit einer kurzen Gymnastik zur Auflockerung und Erwärmung der Muskulatur.
Ich leitete eine Gymnastik ohne Gerät und erklärte bei jeder Übung, welche Muskelbereiche angesprochen werden. Besonderes Gewicht legte ich auf die Finger- und Handgelenkmuskulatur, um Verletzungen im folgenden Spiel vorzubeugen. Mein Vorschlag, die Gymnastik in Zukunft von einem Schüler leiten zu lassen, wurde positiv aufgenommen. Christian R. erklärte sich für die nächste Stunde dazu bereit.

Zeit	Lernziel	Schüler- und Lehreraktivität	Sozialform	Medien	Didaktische Begründung
10'		Begrüßung und Information über Verlauf und Inhalt des Kurses und der Stunde	UG		Durch Kenntnis des Kursverlaufs wird den Schülern die Einzelstunde einsichtig
5'	1.1 2.1	Gymnastik ohne Gerät zur Lockerung und Aufwärmung der verschiedenen Muskelbereiche	FU Kreisform		Durch Aufwärmung der Muskulatur wird die Verletzungsgefahr verringert
40'	1.2 1.3 1.4 1.5 2.2 2.3	Die Schüler organisieren ein Basketballspiel, das mit der Videoanlage aufgenommen wird	GU	Ball Video	Kennenlernen von Sozialverhalten und Fertigkeitsstand. Gegenstand der nächsten Stunde
15'	2.4 / 5 3.1 / 2 4.1 / 2	Die Schüler bringen ihre ersten koedutiven Spielerfahrungen zum Ausdruck	UG	Tonband	Die Artikulation der Teilnehmer relativiert die subjektive Erfahrungen des einzelnen
10'	2.6	Gemeinsame Planung der nächsten Stunde	UG		Bei der Planung der Stunden können Schülerwünsche berücksichtigt werden

Nachdem ich die Aufgabe für die folgenden 40 Minuten gestellt hatte, bildeten die anwesenden 17 Schüler nach einer fünfminütigen Phase der Orientierungslosigkeit drei Vierer- und eine Fünfergruppe. Vier Jungen, die sich später als gute Spieler herausstellten, wählten die Gruppen. Dabei wurden die Mädchen ausnahmslos zum Schluß gewählt und quasi auf die „Männergruppen" verteilt, was von einigen Mädchen sichtbar als unbefriedigend empfunden wurde.

Die Gruppen waren folgendermaßen zusammengesetzt:

Gruppe 1	Gruppe 2	Gruppe 3	Gruppe 4
Sabine K.	Christiane G.	Gabriela R.	Christiane R.
Ronald M.	Michael K.	Petra H.	Sonja S.
Harald H.	Gerald J.	Thomas M.	Lutz H.
Frank E.	Christian R.	Robert V.	Detlef L.
		Frank B.	

Zunächst spielte Gruppe 1 gegen Gruppe 2, während die übrigen Schüler auf der Bank saßen. Ein Spiel dauerte fünf Minuten, es wurde ohne Schiedsrichter gespielt. Auf Verlangen führte der Zeitnehmer Lutz M.[21] zu Beginn den Sprungball aus und regelte das Auswechseln in der Fünfergruppe nach jeweils einer Minute.

In den ersten beiden Gruppen befand sich jeweils nur ein Mädchen, was zur Folge hatte, daß im ersten Spiel beide nicht am Spiel beteiligt wurden. Es lief im wesentlichen alles über Harald H. und Ronald M. bzw. über Michael K. und Gerald J., die das Spiel fast alleine oder mit ihrem Partner bestimmten. Christiane G. berührte am Anfang einmal den Ball, als sie einen abgefälschten Ball aufhob.

Als Einzelkämpfer trat besonders Frank E. hervor; er dribbelte immer solange, bis der Ball verlorenging. In der anderen Gruppe gelang es Christian R. einige Male, in das Spiel der guten Schüler einzugreifen.

Im zweiten Spiel war die Situation ganz anders, da in jeder Gruppe zwei Mädchen spielten. Hier fielen nur Robert V. und Detlev L. durch ihre „Dribbelkünste" auf. Da ihnen jedoch ebenbürtige Mitspieler fehlten, waren sie des öfteren gezwungen, abzuspielen. Es entstand aber trotzdem kein Zusammenspiel, da jeder, der im Ballbesitz war, ihnen nacheiferte und versuchte, unter allen Umständen allein einen Korb zu erzielen.

Lutz H., Frank B. und Sonja S. exponierten sich dadurch, daß sie mit dem Ball durch die ganze Halle liefen, ohne ihn zu dribbeln. Während bei Sonja und Lutz eher Unwissenheit oder Unkenntnis vorlag, war es bei Frank B. eine Reaktion auf das falsch verstandene regellose Spiel. Nach seinem Sololauf längs und quer durch die Halle, bei dem er einige Spieler unfair gerempelt hatte, kommentierte er seinen, die Aktion abschließenden erfolgreichen Korbwurf mit der Bemerkung:

„Is' doch allet erlaubt, wa!"

---

[21] Lutz M. nahm wegen einer überstandenen Leistenbruchoperation erst in der dritten Stunde aktiv am Unterricht teil.

Diese wissentlich falsche Spielweise animierte die Sitzenden zu scharfem Protest. Sie liefen zu mir und verlangten — ihrerseits nun überspitzt — die strikte Einhaltung der gültigen Basketballregeln inklusive Sternschritt und Drei-Sekunden-Regel; Begriffe, mit denen die Mehrheit nichts anzufangen wußte.

Nachdem das zweite Spiel beendet war, rief ich die Schüler zusammen, um ihnen Gelegenheit zu geben, ihren Unmut zu äußern und den aufgetretenen Konflikt zu lösen.

Primär beschwerten sich die Schüler über das eigensinnige und unfaire Spiel sowie das Laufen mit dem Ball. Einige Schüler — Gerald J., Michael K. und Harald H. — verlangten die strikte Einhaltung der Regeln, konnten sich aber nicht durchsetzen, da die meisten nicht gewillt waren, ihnen unverständliche Regeln zu akzeptieren. Sie einigten sich nach kurzer Diskussion auf folgendes:

1. Es ist nur ein körperloses Spiel erlaubt.
2. Man darf ohne Dribbling nur vier Schritte mit dem Ball laufen.

Die folgenden Spiele verliefen auch wegen der nachlassenden Kondition immer ruhiger. Durch die Regeln war das Laufen mit Ball fast vollständig verschwunden, es wurde mehr Rücksicht genommen und weniger gedribbelt.

Die guten Spieler bestimmten zwar weiterhin die Spiele, doch wurden die Mädchen stärker integriert, so daß vereinzelt Spielzüge über mehrere Stationen zustandekamen. Daß diese Ansätze nicht zahlreicher waren, lag u. a. auch daran, daß Freilaufen als Weglaufen verstanden wurde und die notwendigen Weitwürfe wegen der großen Entfernung die Mitspieler nicht erreichten bzw. nicht gefangen werden konnten.

Nachdem jede Gruppe gegen jede gespielt hatte, waren noch zehn Minuten übrig. Die Schüler entschieden sich bei fünf Gegenstimmen für den sofortigen Beginn der Diskussion.

Ein starkes Verlangen, die gemachten Erfahrungen zu artikulieren, wurde deutlich. Häufig meldeten sich sechs bis acht Schüler gleichzeitig und es entstanden Interaktionen über mehrere Stationen. Die Diskussion war sehr engagiert doch ruhig und sachlich. Die Diskutierenden zeichneten sich durch die Fähigkeit aus, auch längeren Beiträgen zuzuhören sowie durch das bewußte Eingehen auf die Beiträge der Mitschüler. Ich selbst brauchte nur dreimal zusammenfassend und strukturierend einzugreifen. Eine Impulsgebung war überflüssig, da alle Probleme von den Schülern selbst angesprochen wurden.

Nachdem die Erfahrungen im Hinblick auf Regeln, Fertigkeiten, Niveauunterschiede, Mannschaftsspiel und Schiedsrichterproblematik artikuliert worden waren, schlug ich vor, die wesentlichen Argumente, auf deren Grundlage in der nächsten Stunde eine Spielkonzeption entwickelt werden sollte, zu ordnen und schriftlich zu fixieren. Dieser Vorschlag wurde zustimmend aufgenommen.

Erstaunt waren die Schüler darüber, daß niemand wußte, mit welchem Ergebnis die Spiele ausgegangen waren. Ihnen wurde bewußt, daß eine Identifikation mit der Mannschaft nur dann gegeben ist, wenn jeder an deren Spiel beteiligt ist. Da die Korberfolge jedoch aus Einzelaktionen resultierten, kannten die Schüler lediglich ihre individuelle Trefferquote.

Im Verlauf der Diskussion schälten sich zwei Positionen heraus:
— Die eine Gruppe wollte Basketball nach richtigen Regeln spielen. Sie war klein und bestand aus guten Spielern. Sie war sehr schweigsam und beteiligte sich nur bei basketballimmanenten Fragen zu Technik und Regeln.
— Der anderen Gruppe waren die meisten Schüler zuzuordnen. Diese artikulierten sehr bestimmt, daß sie mitspielen wollten und daß ein Konsens gefunden werden mußte. Sie wollten Spaß beim Spiel haben und verlangten von den Mitspielern mehr Rücksicht.

Daß in dieser Diskussion hauptsächlich die Schüler das Wort ergriffen, die sonst als „Flaschen" bezeichnet werden, und daß eine Verunsicherung bei den guten Spielern zu sehen war, zeigt die Notwendigkeit des Unterrichtsgesprächs auch bzw. gerade für den Sportunterricht.

Mein Vorschlag, die letzten 20 Minuten der nächsten Stunde zu spielen, wurde bei fünf Gegenstimmen abgelehnt, da die Schüler nicht in Zeitdruck eine Konzeption entwickeln wollten; für mich ein deutliches Zeichen, daß die Intention dieses Kurses verstanden worden war.

7. Die zweite Unterrichtsstunde

7.1 THEMA DER STUNDE: ENTWICKLUNG EINER SPIELKONZEPTION

7.2 DIDAKTISCH-METHODISCHE ENTSCHEIDUNGEN

Die Schüler sollen in dieser Stunde für die besonderen Probleme eines koedukativen Basketballspiels sensibilisiert werden, indem sie die ersten beiden Spiele der ersten Stunde anhand der Videoaufzeichnung analysieren. Gleichzeitig wird anhand ausgewählter Spielausschnitte untersucht, welche Handlungen die Einbeziehung aller Mitspieler fördern bzw. ihr entgegenstehen.

Aus dem Tonbandprotokoll des Unterrichtsgesprächs am Schluß der ersten Stunde, in dem die Schüler ihre Erfahrungen artikulierten, habe ich eine Zusammenfassung der wichtigsten Schüleräußerungen erstellt. Dieses Papier[22] wird im zweiten Teil der Stunde diskutiert.

Als Ergebnis dieser Stunde sollte der Ansatz einer Spielkonzeption für diesen Kurs sichtbar werden.

7.3 UNTERRICHTSZIELE

7.3.1 Grobziel

Aus der Analyse der Videoaufnahmen und der Diskussion über ausgewählte Schüleräußerungen entwickeln die Schüler Ansätze einer Spielkonzeption für koedukatives Basketballspiel.

7.3.2 Feinziele

1. kognitiv

1.1 Die Schüler erkennen, daß die Mädchen am Spielgeschehen weniger beteiligt worden sind

7.3.3 kognitive Feinziele

1.2 Sie erkennen, daß die Anwendung von langen Pässen usw. ohne Rücksicht auf die Fertigkeiten des Mitspielers unadäquat ist
1.3 Sie erkennen, daß ein Spiel über mehrere Stationen auch ohne Dribbling möglich ist
1.4 Sie erkennen, daß eine Lerngruppe über die Angemessenheit vorgegebener und die Anwendung selbst entwickelter Regeln befinden kann

---

[22] Die Zusammenfassung der ausgewählten Schüleräußerungen befindet sich im Anhang auf Seite 69.

1.5 Sie erkennen im Fangen und Werfen die motorische Grundvoraussetzung für das Basketballspiel

2. *sozial*
2.1 Sie werden sich bewußt, daß ein Zusammenspiel nur möglich ist bei Rücksichtnahme auf den Schwächeren
2.2 Sie begreifen, daß in einem koedukativen Kurs auf die Mädchen Rücksicht genommen werden muß
2.3 Sie wollen durch ein faires Spiel Angst und Unsicherheit beseitigen
2.4 Sie entwickeln die Bereitschaft, durch bewußtes Eingehen auf die Unterschiede in Körpergröße, Geschlecht und Fertigkeitsstand ein für alle befriedigendes Spiel zu ermöglichen
2.5 Sie wollen auftretende Konflikte ohne Schiedsrichter lösen

7.4 GEPLANTER UNTERRICHTSVERLAUF

1. Begrüßung und Bekanntgabe des Stundenverlaufs
2. Zehnminütige Videodemonstration der ersten beiden Spiele
3. Demonstration von ausgewählten Spielausschnitten
4. Diskussion der Zusammenfassung von Schüleräußerungen
5. Schlußfolgerungen aus der Diskussion und Erarbeitung eines Ansatzes von koedukativer Spielkonzeption
6. Strukturierung und grobe Planung der nächsten Stunde

7.5 DURCHFÜHRUNG UND ANALYSE DER STUNDE

Diese Stunde fand im Fremdsprachenraum der Schule statt, wo ich die Videoanlage vorher aufgebaut hatte. Der Unterricht im Klassenraum ermöglichte mir ein schnelles Kennenlernen der Schüler, da ich sie bat, auf ihren Tischen Namensschilder aufzubauen.
Ich spielte ihnen das Videoband zunächst kommentarlos ab und unterbrach erst nach sechs Minuten, als ein Mädchen zum erstenmal ins Spielgeschehen einbezogen wurde. Ich begründete die Unterbrechung, nannte die Situation ein „historisches Ereignis" und spürte, wie die anfänglich freudige Atmosphäre über das eigene Erscheinen auf dem Bildschirm in Betroffenheit umschlug. Ein Schüler versuchte sich spontan mit der Nichtexistenz von Mädchen im Spiel herauszureden („Da spielten ja keine Mädchen mit!").
Nachdem das Problem kurz diskutiert wurde, und die Schüler die Notwendigkeit einer ausgeglichenen Teilnahme hervorhoben, spielte ich ihnen folgende Spielausschnitte vor: Sinnlose Dribbelszene, gutes Zusammenspiel, grobes Foulspiel, ungenauer langer Paß, gutes Sozialverhalten und ein Spiel ohne Dribbling. Für die Beobachtung dieser Ausschnitte gab ich folgende Anweisung: „Welche Handlungen fördern die Einbeziehung aller Mitspieler und welche stehen ihr entgegen?"

Durch den anfänglichen Schock waren die Schüler so sensibilisiert, daß es ihnen nicht schwerfiel, die wesentlichen Momente der Ausschnitte zu erkennen und zu bewerten. Bei Thomas M. war das schlechte Gewissen so stark, daß er sich für ein grobes Foul bei Frank E., das diesen für drei Spielzüge außer Gefecht gesetzt hatte, entschuldigte. Das oberste Lernziel des Kurses, ein Spiel so zu gestalten, daß alle Spaß haben, wurde noch einmal betont und war Leitfaden in der folgenden Diskussion über die Zusammenstellung von Schüleräußerungen der ersten Stunde.

Zu Beginn einigten sich die Schüler darauf, jeden Punkt etwa sieben Minuten zu diskutieren und in den verbleibenden zehn Minuten die nächste Stunde zu planen.

Die Diskussion brachte folgende Ergebnisse, die an die Tafel geschrieben wurden:
1. Die weiteren Regeln entwickeln wir wie in der ersten Stunde; was negativ auffällt, wird von uns verändert.
2. Fangen und Werfen ist die Grundvoraussetzung und muß als erstes geschult werden.
3. Die Schwierigkeiten, die sich aus den Unterschieden von Geschlecht, Körpergröße und Fertigkeitsstand ergeben, sind überwindbar, wenn man genügend Rücksicht nimmt.
4. Beide Mannschaften sind sich gegenseitig verantwortlich und müssen sich so arrangieren, daß es allen Spaß macht.
5. Die Funktion des Schiedsrichters wird auf die einzelnen Spieler übertragen.

Diese fünf Punkte können als veränder- und erweiterbare Grundkonzeption für koedukatives Basketball angesehen werden. Es ist erfreulich, daß sie von den Schülern selbst entwickelt wurden und meine fragenstellende Impulsgebung sich nur auf das beschränkte, was die Schüler in der vorherigen Stunde demonstriert hatten.

Für die Erstellung dieser Spielkonzeption war die Auswertung der Spielausschnitte zwar von großer Bedeutung, doch möchte ich den inhaltlichen Erfolg auf mehrere Faktoren zurückführen:

— Die Möglichkeit, die Erfahrungen aus der ersten Stunde zu artikulieren, wurde von den meisten Schülern — und vor allem den schwächeren — sehr positiv aufgenommen.
— Die stark leistungsorientierten Schüler waren durch die Analyse der Videoaufnahmen stark verunsichert.
— Einige Jungen betrachteten die Rücksicht auf die Mädchen als ein gefordertes Kavaliersverhalten.
— Die Mädchen — vor allem Christiane G. und Sabine K. — verstanden es ausgezeichnet, ihre Interessen zu vertreten.
— Ein abstraktes und kompliziertes Regelwerk hätte sich leicht motivationshemmend auswirken können.

Da Fangen und Werfen als Grundvoraussetzungen erkannt waren, stand das Grobziel der nächsten Stunde bereits fest. Unklarheit herrschte über die zeitliche Begrenzung von Übung, Spiel und Reflexion. Die Schüler einigten sich prinzipiell auf eine Dreiteilung, die aber nicht dogmatisch eingehalten werden sollte.

8. Die dritte Unterrichtsstunde

8.1 THEMA DER STUNDE: DER DRUCKPASS

8.2 DIDAKTISCH-METHODISCHE ENTSCHEIDUNGEN

8.2.1 Sachanalyse

Der Ball wird in einer leichten Schrittstellung mit locker gespreizten Fingern so gehalten, daß die Daumen nach oben zeigen. Die gewinkelten Ellbogen sind seitlich an den Körper gelehnt. Der Oberkörper ist über den in Brusthöhe gehaltenen Ball etwas nach vorn geneigt, der Blick ist auf das Ziel gerichtet.

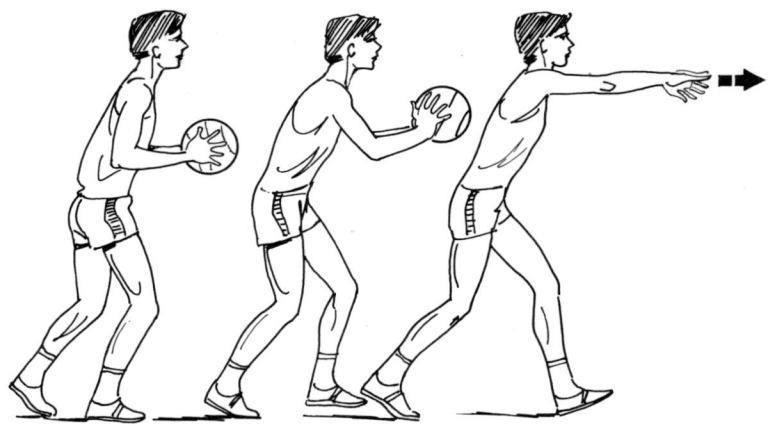

Das Abspiel wird eingeleitet durch das Vorbeugen des Oberkörpers, das Gewicht liegt auf dem rechten Bein. Das linke Bein wird mit der Armstreckung nach vorn gebracht; dabei erfolgt der Druck aus den Armen über die Handgelenke und Fingerspitzen. Die Handflächen werden abschließend nach außen gedreht, die Flugbahn soll geradlinig verlaufen[23].

8.2.2 Begründung der Stoffauswahl

Als Schlußfolgerung aus ihrer Analyse der ersten Stunde haben die Schüler die Notwendigkeit von Fangen und Werfen gezogen und das Erlernen dieser Grundfertigkeit für die heutige Stunde vorgeschlagen. Sie teilen damit die Einschätzung von STÖCKER und anderen Fachdidaktikern, die ihre Bedeutung ebenfalls hervorheben. ,,In der ersten Phase der Einführung beschränken wir uns auf Passen und Fangen im Stand, da-

---

[23] Skizze und Bewegungsanalyse nach KÖHLER, Irene, a. a. O., 44.

mit die Grundtechniken, die schon ein ‚Basketballspiel nach vereinfachten Regeln' ermöglichen, sauber und regelgerecht erarbeitet werden"[24].

8.2.3 Didaktische Reduktion
Aus der Sachanalyse resultiert als Hauptphase der Bewegung die Armstreckung. Dieses Moment gewinnt auch dadurch an Bedeutung, daß die besseren Schüler den Druckpaß mit seitlich abgespreizten Ellbogen ausführen und Schwierigkeiten haben werden, ihr eingeschliffenes Fehlverhalten zu korrigieren.
Da in dieser Stunde das Schwergewicht auf der korrekten Bewegungsausführung liegt, wird der Druckpaß nur aus dem Stand geübt. Weil alle Schüler das Fangen aus mittlerer Distanz beherrschen, werden für die Ballannahme nur bei Bedarf verbale Hinweise gegeben.
Dem Stundenziel folgend soll im Spiel die eben erlernte Fertigkeit eingesetzt und ihre Anwendung aus pädagogischen Gründen quantitativ überprüft werden. Die häufige Anwendung im Spiel festigt die Durchführung der Bewegung unter erschwerten Bedingungen und fördert, da eine Zielperson mit Blickkontakt anvisiert werden muß, das Sozialverhalten in den einzelnen Gruppen.

8.2.4 Begründung des Unterrichtsverfahrens
Da das Prinzip des einsichtigen Lernens in dieser Stunde verstärkt zur Anwendung kommen soll, liegt ein starker Akzent auf der kognitiven Lernzielebene. Die Schüler erarbeiten sich durch Bewegungswahrnehmung, -beschreibung, -erklärung und -korrektur Einsichten in das Zustandekommen der von ihnen zu leistenden motorischen Eigenrealisation. Die Entwicklung der Bewegungsvorstellung erfolgt durch die visuelle Information der Bewegungsskizze. Eine genaue Analyse der Elemente des Bewegungsablaufs schafft eine klare Bewegungsvorstellung, die durch den Entwurf einer eigenen Bewegungsbeschreibung gefestigt wird.
Bei der Analyse der Phasen wird die Ellbogenführung als Hauptphase der Bewegung herausgearbeitet und erläutert.
Die Eigenrealisation des Bewegungsablaufs erfolgt zuerst in Partnerarbeit und wird bei erfolgreicher Durchführung unter erschwerten Bedingungen in der Gruppenarbeit fortgesetzt. Die dafür gebildeten Gruppen sollen im Spiel beibehalten werden, damit sich ein eventuell entstehender Gruppenprozeß weiterentwickeln kann.
Die Anwendung der Fertigkeit im Spiel erfolgt unter sozialintegrativer Zielsetzung — eine möglichst ausgeglichene Teilnahme aller am Spiel. Um diese Zielsetzung zu überprüfen, sollen die jeweils Sitzenden die Ballkontakte der Spielenden protokollieren.
Das Ergebnis wird an die Tafel geschrieben und mit seinem Anspruch auf gleichmäßige Beteiligung verglichen. Da hier wahrscheinlich ein Mißverhältnis auftreten wird, sollen die Schüler in der ersten Reflexionsphase überlegen, welche Maßnahmen das

---
[24] STÖCKER, Gerhard, Schulspiel Basketball, Vom Spielen zum Spiel, Schorndorf 1975, 18.

Ergebnis verbessern könnten (weniger Dribblings, kein Weitwurf, besseres Freilaufen, usw.)
Die herausgearbeiteten Faktoren sollen in einer zweiten Spielphase angewendet und auf ihre Effizienz hin mit Hilfe des Protokolls der Ballkontakte überprüft werden.
Das Ergebnis wird ebenfalls an die Tafel geschrieben und in der zweiten Reflexionsphase mit dem ersten Resultat verglichen. In der dabei auftretenden Diskussion soll herausgefunden werden, ob und warum eine Gruppe beim zweiten Versuch Erfolge zu verzeichnen hat. Ebenso sollten die Voraussetzungen geklärt werden, die für eine grundsätzliche Realisierung des Anspruchs notwendig sind. Verläuft die Diskussion erfolgreich, müßten die Schüler in der Lage sein, das Grobziel der nächsten Stunde zu bestimmen.
Die Aktionsformen der einzelnen Phasen sind die lerngruppenzentrierte Schülerarbeit und die sozialintegrative Anregung und Koordination der kognitiven Lernleistung durch den Lehrer in der Gesamtgruppe.
Als Ergebnissicherung dient eine punktuelle Lernkontrolle in Form von Schülerdemonstrationen im ersten und die Erstellung eines Tafelbilds im zweiten Teil der Stunde.

8.2.5 Medien

Die Vermittlung der Druckpaßbewegung wird durch die Skizze kognitiv unterstützt. Für die motorische Eigenrealisierung werden alle neun Basketbälle benutzt, so daß Partnerarbeit möglich ist.
Die Arbeitsbögen — leere Zettel und Schreibstift — sind notwendig für das Protokoll der Ballkontakte, deren Anzahl zur besseren Anschaulichkeit an die Tafel geschrieben wird.
Mit der Stoppuhr wird die gleiche Länge der Spiele garantiert; deshalb können die Ergebnisse ziemlich objektiv verglichen werden.

8.3 UNTERRICHTSZIELE

8.3.1 Grobziel

Die Schüler entwickeln eine Bewegungsvorstellung vom Druckpaß. Sie üben den Druckpaß aus dem Stand und wenden die erlernte Bewegung im Spiel an.

8.3.2 Feinziele

1. motorisch
1.1 Die Schüler lockern ihre Muskulatur und wärmen sie auf
1.2 Sie führen den Druckpaß mit geringem Kraftaufwand durch
1.3 Sie verbessern ihre sensomotorische Leistung durch schnelle und eindeutige Ausführung
1.4 Sie wenden den Druckpaß im Spiel an
1.5 Sie fördern ihre konditionelle Leistung

2. *kognitiv*
2.1 Sie entwickeln mit Hilfe der Skizze eine Bewegungsvorstellung vom Druckpaß
2.2 Sie beschreiben den Bewegungsablauf mit eigenen Worten
2.3 Sie erkennen in der Ellbogenführung die Hauptphase der Bewegung
2.4 Sie erkennen und korrigieren falsche Bewegungsausführungen bei sich selbst und den Mitschülern
2.5 Sie erkennen, wer stark und schwach beteiligt ist
2.6 Sie erkennen, daß Einzelaktionen wie Dribbling usw. eine ausgeglichene Teilnahme verhindern
2.7 Sie entwickeln Regeln, die einschränkend wirken
2.8 Sie erkennen ihren zweiten Versuch als Erfolg oder Mißerfolg an
2.9 Sie geben das Grobziel der nächsten Stunde an

3. *sozial*
3.1 Die Schüler verständigen sich durch vorherigen Blickkontakt mit dem Paßempfänger
3.2 Sie beobachten und korrigieren sich untereinander; sie akzeptieren die Äußerungen der Mitschüler
3.3 Sie versuchen in ihrer Gruppe, jeden am Spiel zu beteiligen
3.4 Sie gleichen im zweiten Spielversuch die Beteiligung der Mitspieler aus, indem sie die weniger Beteiligten fördern

4. *affektiv*
4.1 Es kommt zu einer Sensibilisierung für die geringere Beteiligung der schwächeren Schüler
4.2 Das Konkurrenzdenken soll zugunsten einer besseren Kooperation relativiert werden

8.4 DIE VERLAUFSPLANUNG DES UNTERRICHTS

Die Verlaufsplanung des Unterrichts mit Phasen- und Zeiteinteilung, Zuordnung der Feinziele, Lehrer- und Schüleraktivität, Sozialformen, Medien und didaktischer Begründung ist folgendem Schema zu entnehmen.
Da die Schüler- und Lehreraktivitäten in einem Wechselverhältnis stehen und sich gegenseitig beeinflussen, werden sie in einer Sparte zusammengefaßt.

Zeit	Lernziel	Schüler- und Lehreraktivität	Sozialform	Medien	Didaktische Begründung
10'	1.1 / 2.1	Gymnastik von Christian R.	Kreisform		Erwärmung und Lockerung
10'	2.2　2.3　2.4	Bewegungsanalyse und Bewegungsbeschreibung vom Druckpaß	UG	Skizze	Die Schüler entwickeln eine Bewegungsvorstellung vom Druckpaß

Zeit	Lern-ziel	Lehrer- und Schüleraktivität	Sozial-form	Medien	Didaktische Begründung
10'	1.2 2.4 3.1 / 2	Druckpaßübung in Partnerarbeit	PA	Ball	Die Schüler korrigieren sich gegenseitig
10'	1.3	Druckpaßübungen in vier Gruppen über einen Center	GA	Ball	Die Gruppenmitglieder lernen sich kennen. Sie reagieren aufeinander
12'	1.4 1.5 3.3 4.2	Fünfergruppen Vierergruppen Spiel von zwei Gruppen / Notierung der Ballkontakte Wechsel nach fünf Minuten	GA	AB Ball Uhr	Mit diesem Verfahren soll der Spielanteil der einzelnen Spieler festgestellt werden
8'	2.5 2.6 2.7	Die Schüler reflektieren ihr Spiel. Sie diskutieren evtl. Verbesserungsmaßnahmen	UG	Tafel	Die Schüler sollen sensibilisiert werden, auf die Schwächeren zu achten
10'	3.4 4.1	Wiederholung der Spielphase	GA	AB Ball Uhr	Die theoretischen Erkenntnisse sollen umgesetzt werden
10'	2.8 2.9	Sie vergleichen die Ergebnisse, werten sie und bestimmen das nächste Grobziel	UG	Tafel	Sie erkennen Erfolg oder Mißerfolg und leiten das Grobziel ab

8.5 DURCHFÜHRUNG UND ANALYSE DER STUNDE

Nach der Begrüßung machte ich die Schüler mit dem Stundenthema bekannt und übergab die Leitung der Gymnastik an Christian R. Christians Gymnastik belastete wegen zahlreicher Hüpfübungen die Beine zu stark, davon abgesehen war sie aber gut. Mein Hinweis auf die notwendige Lockerung und Erwärmung der Handgelenk- und Fingermuskulatur wurde berücksichtigt.

Nach der Gymnastik setzten sich die Schüler im Kreis zusammen, und ich verteilte die Skizze der Druckpaßbewegung[25] (siehe Anhang). Nach ausreichender Zeit zur Durchsicht besprach ich mit ihnen die einzelnen Merksätze.

Um zu prüfen, ob der Ablauf verstanden wurde und die Bewegungsvorstellung zu festigen, forderte ich Gerald J. auf, mit eigenen Worten die Bewegung zu beschreiben. Er hatte einige Schwierigkeiten, sich präzise auszudrücken, woraus zu schließen ist, daß diese Art kognitiver Arbeit bisher nicht geleistet wurde; auf Rückfrage wurde mir dies von den Schülern bestätigt.

Mit Unterstützung von Gabriela R. und Michael K. wurde eine korrekte Beschreibung erstellt.

---

[25] KÖHLER, Irene, a. a. O., 44—46.

Die Hauptphase der Bewegung wurde von den Schülern sofort erkannt; deshalb wurde der dritte Merksatz noch einmal vorgelesen und durch die Zeichnung auf der Rückseite anschaulich ergänzt.

Danach bat ich die Schüler, sich paarweise längs der Halle im Abstand von drei bis vier Metern gegenüberzustellen und mit der Eigenrealisation der Bewegung zu beginnen. Da neun Basketbälle zur Verfügung standen, bekam jedes Paar einen Ball. Die Schüler übten intensiv und versuchten, mit großer Konzentration die kognitiv erfaßte Bewegung umzusetzen; dabei zeigten sich folgende Fehler:
— bei vielen Schülern war die Druckpaßbewegung wegen der starken Konzentration zu verkrampft
— ein großer Teil der Schüler spreizte die Ellbogen seitlich ab
— einige beachteten die Schrittstellung nicht
— mehrere vernachlässigten den Fingerdruck und drehten die Handflächen nicht nach außen
— die Blickrichtung war bei vielen Schülern auf den Ball gerichtet, da sie die Fingerhaltung beobachteten.

Ich wies die Schüler auf die beobachteten Fehler hin und ließ den Druckpaß zur Verdeutlichung von Robert V. vorführen, der die Bewegung sehr gut demonstrierte, wie auf untenstehendem Bild zu erkennen ist. Danach wiederholten alle Schüler die Übung und verstärkten die gegenseitige Kontrolle.

Ich forderte die Schüler auf, bei Unklarheiten nochmals die Skizze anzuschauen und beobachtete die Schüler bei ihrer Arbeit. Einige wies ich auf ihre individuellen Fehler hin, zeigte ihnen das entsprechende Fehlerbild auf der Skizze und forderte beide Partner auf, sich bei der Selbst- und Fremdkontrolle auf jeweils ein Kriterium zu konzentrieren.

Nachdem die Grobform bei fast allen erreicht war — einige hatten das seitliche Abspreizen der Ellbogen leider schon automatisiert — gab ich Anweisungen für die nächste Übung.
Die Struktur der Übung ergibt sich aus untenstehender Abbildung[26]. Der Reihenfolge gemäß werden die Spieler vom Center (1) eingesetzt, nachdem sie sich *vorher* durch Blickkontakt verständigt haben. Eine Steigerung dieser Übung ist bei nicht geplanter Reihenfolge gegeben.

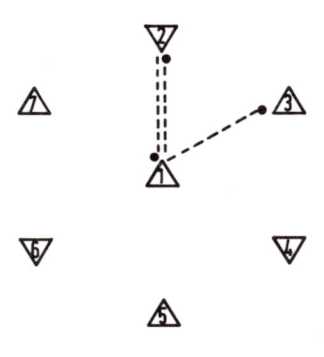

Wegen der negativen Erfahrungen der ersten Stunde forderte ich vier Mädchen auf, die Gruppen zu bilden. Die Mädchen wählten dann vier Gruppen, die sich von denen der ersten Stunde nur unwesentlich unterschieden.
Die Schüler arbeiteten in dieser Phase selbständig, wechselten den Mittelspieler aus, korrigierten sich und gingen von selbst in die nächste Phase über, in der die Reihenfolge nicht mehr eingehalten wurde. Ich mußte lediglich auf die Notwendigkeit des vorherigen Blickkontaktes hinweisen.
Im zweiten Teil der Stunde sollte die eben erlernte Fertigkeit im Spiel angewendet werden, ohne die gleichmäßige Beteiligung aller zu vernachlässigen.
Nach der ersten Spielphase stellten die Schüler zunächst das Untersuchungsverfahren in Frage, da es keine objektive Aussage über das Spielverhalten sein könnte. Die häufige Beteiligung einiger Spieler müßte nicht zwangsläufig auf unsoziales Verhalten zurückzuführen sein.
Ich stimmte diesem Einwand zu und betonte die Aussagekraft des Verfahrens über die geringe Beteiligung einiger Schüler. Dies wurde von den Teilnehmern bestätigt. Sie erkannten am Tafelbild der ersten Spiele, daß in allen Gruppen die Mädchen zu wenig beteiligt waren. Das führten sie darauf zurück, daß einige Jungen zu häufig dribbelten, und die Mädchen das Freilaufen ohne Ball vernachlässigten.
Für das Wiederholungsspiel wurde von den guten Spielern gefordert, auf eigensinnige Dribblings zu verzichten. Alle Spieler sollten sich in erster Linie um ein verstärktes Abspiel bemühen, wobei die erfahrenen Spieler die Aufgabe bekamen, die im ersten Spiel wenig Beteiligten häufiger miteinzubeziehen.

---

[26] STÖCKER, Gerhard, a. a. O., 22.

Nach dem zweiten Versuch bezeichneten die Schüler mit Hilfe des Tafelbildes (siehe unten) die Ergebnisse von Gruppe II, III und IV als gut, weil die Ballkontakte relativ ausgeglichen waren. Sie diskutierten das negative Ergebnis von Gruppe I und führten dieses auf folgende Faktoren zurück:
— Sabine K. ist wegen ihrer geringen Körpergröße am stärksten benachteiligt.
— Michael K. und Gerald J. sind sehr gut aufeinander eingespielt.
— Das Auswechseln von Frank E. gegen Lutz M. wirkte sich negativ aus, da beide Spieler keine Korrekturmöglichkeit hatten. Außerdem kam mit Lutz M. ein dritter guter Spieler in die Gruppe.

Nach dieser Diskussion wurden als Lernziele der nächsten Stunde Korbwurf und Druckpaß in der Bewegung vorgeschlagen. Wegen der noch bestehenden Unsicherheit im Abspiel entschieden sich die Schüler in der darauffolgenden Aussprache mit großer Mehrheit für den Druckpaß in der Bewegung, wobei das Freilaufen berücksichtigt werden sollte.

Erarbeitetes Tafelbild

Gruppe I	Spiel 1	Spiel 2	Gruppe II	Spiel 1	Spiel 2
Sabine K.	3	3	Gabriela R.	4	9
Frank E.	5	—	Frank B.	6	5
Lutz M.	—	13	Thomas M.	10	10
Gerald J.	9	8	Robert V.	13	10
Michael K.	11	12			

Gruppe III	Spiel 1	Spiel 2	Gruppe IV	Spiel 1	Spiel 2
Petra H.	6	9	Christiane R.	9	9
Ronald M.	14	13	Sonja S.	4	6
Harald H.	14	13	Lutz H.	8	8
Christian R.	8	9	Detlef L.	9	8

9. Die vierte Unterrichtsstunde

9.1 THEMA DER STUNDE: DER DRUCKPASS IN SPIELNAHER SITUATION

9.2 SACHANALYSE
Der Ballbesitzer bildet mit Mitspieler und Gegner ein gleichseitiges Dreieck. Das Abspiel kann ungehindert durchgeführt werden.

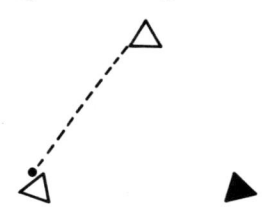

Der Verteidiger will das Abspiel verhindern und bezieht zwischen Ballbesitzer und Mitspieler seine Position.

Der Mitspieler verläßt seinen Standort und bildet wiederum mit Ballbesitzer und Gegner ein gleichseitiges Dreieck. Das Abspiel kann ungehindert erfolgen.

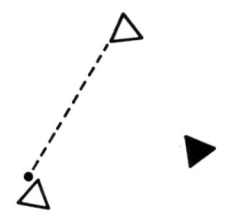

9.3 DIDAKTISCHE REDUKTION
In dieser Stunde steht das taktische Spielverhalten im Mittelpunkt der Stunde. Deshalb wird auf die Vermittlung des Zweikontaktrhythmus verzichtet.

9.4 UNTERRICHTSZIELE

9.4.1 Grobziel
Die Schüler wenden den Druckpaß in spielnaher Situation an, wobei sie mit Gegner und Mitspieler ein gleichseitiges Dreieck bilden.

9.4.2 Feinziele

1. motorisch
1.1 Die Schüler wiederholen den Druckpaß aus dem Stand
1.2 Sie führen den Druckpaß in der Bewegung aus und steigern dadurch ihre sensomotorische Leistung
1.3 Sie beachten beim Freilaufen das Dreieckspiel
1.4 Sie verbessern ihre Kondition
1.5 Sie wenden den Druckpaß und das Freilaufen im Spiel an

2. kognitiv
2.1 Sie wiederholen die wesentlichen Kriterien des Druckpasses
2.2 Sie erkennen, daß der kürzeste Paß der sicherste ist
2.3 Sie erkennen, daß das Freilaufen der Mitspieler von entscheidender Bedeutung für ein erfolgreiches Abspiel ist
2.4 Sie erkennen, daß es für das Abspiel besonders günstig ist, wenn man mit Gegner und Mitspieler ein gleichseitiges Dreieck bildet
2.5 Sie geben das Lernziel der nächsten Stunde an

3. sozial
3.1 Sie versuchen durch Mimik und Gestik eine bessere Verständigung mit den Mitspielern zu erreichen

9.5 GEPLANTER UNTERRICHTSVERLAUF

1. Begrüßung und Bekanntgabe des Stundenverlaufs
2. Gymnastik unter Anleitung von Harald H.
3. Druckpaßspiel in der Gruppe über einen Center
4. Der Center versucht, den Ball zu bekommen, den die anderen sich zuspielen
5. Die Schüler artikulieren ihre Erfahrungen und bestimmen Kriterien für ein sicheres Abspiel
6. Wiederholung von Übung 4; Anwendung der aufgestellten Kriterien
7. Anwendung der Freilaufübungen im Spiel

9.6 DURCHFÜHRUNG UND ANALYSE DER STUNDE

Im einführenden Unterrichtsgespräch wurden die Bewegungselemente des Druckpasses wiederholt. Zur motorischen Festigung bildeten die anwesenden 15 Schüler drei Fünfergruppen und verteilten sich in der Halle. Sie wiederholten die Übung der letzten Stunde in programmierter Reihenfolge.
Die Schüler übten intensiv, und ich konnte beobachten, daß mein Hinweis, sich gegenseitig zu korrigieren, in mehreren Fällen befolgt wurde. Im Verlauf dieser Übung verschwanden alle falschen Bewegungsausführungen bis auf das seitliche Abspreizen der Ellbogen, das bei einigen aufgrund einer sehr starken Automation wohl kaum zu beheben sein wird.

Nachdem die Schüler selbständig zur unprogrammierten Reihenfolge übergingen und solange geübt hatten, bis jeder einmal in der Mitte gewesen war, rief ich sie zusammen. Ich erklärte ihnen die neue Übungsform (Phase 4) und forderte sie auf, zu beobachten, unter welchen Bedingungen die meisten Fehlpässe zustande kämen.
Die Gruppen verteilten sich in der Halle und der Center versuchte, den Ball zu fangen, den sich die anderen zuspielten. Wenn er den Ball gefangen hatte, wurde er von demjenigen abgelöst, der den Fehlpaß verursacht hatte. Bei dieser Übung waren die Schüler gezwungen, ihre Mitspieler und den Gegner in die Kalkulation mit einzubeziehen.
Als ein Beispiel für gutes Sozialverhalten fiel mir dabei Thomas M. auf, der wie selbstverständlich Sabine K. ablöste, als sie trotz großer Mühe nicht in Ballbesitz kam.
In der Besprechung der Übung wurden für das erfolgreiche oder nicht erfolgreiche Abspiel folgende Feststellungen getroffen:
— Ein kurzer Paß ist genauer als ein langer!
— Der Paß zum Mitspieler, der hinter dem Gegner steht, ist riskant!
— Ein kurzer Paß ist sehr sicher, wenn man mit Gegner und Mitspieler ein gleichseitiges Dreieck bildet!

Diese Feststellungen wurden zum besseren Einprägen an die Tafel geschrieben und von einer Gruppe exemplarisch mit dem Ball vorgeführt. Die Schüler versuchten, die Übung unter Anwendung der erarbeiteten Kriterien zu wiederholen.
Im abschließenden Gespräch hob ich die gute Arbeit in den Gruppen hervor und erwähnte das vorbildliche Verhalten von Thomas M. Ich wies auf die Möglichkeit hin, durch Handzeichen und entsprechende Mimik die Verständigung zu verbessern und forderte sie auf, das gelernte Verhalten im Spiel anzuwenden.
Da nur 15 Schüler anwesend waren, erklärte ich mich bereit, mitzuspielen. Vier Mädchen stellten die Gruppen durch Wahl zusammen.
Angeregt durch die vorausgegangenen Freilaufübungen und durch mein eigenes Spielverhalten — ich spielte in dieser Stunde zum ersten Mal mit und wurde sehr genau beobachtet — entwickelte sich in allen Gruppen ein sehr kooperatives Spiel. Es entstanden Kombinationen über mehrere Stationen, an denen die Mädchen oft gleichberechtigten Anteil hatten.
Die Schüler artikulierten zum Schluß ihre Zufriedenheit über die heutige Stunde und betonten, daß es ihnen sehr viel Spaß gemacht hätte. Erfreulich war vor allem das Spielverhalten von Sabine K., die ihre Frustrationen aus der vorausgegangenen Stunde überwunden zu haben schien.

10. Die fünfte Unterrichtsstunde

10.1 THEMA DER STUNDE: DER EINHÄNDIGE KORBWURF AUS DEM STAND

10.2 SACHANALYSE

Der Rechtshänder hat bei einer leichten Schrittstellung das rechte Bein vorn (Linkshänder gegengleich). Das Gewicht ruht gleichmäßig auf beiden Beinen. Der Ball wird mit beiden Händen in Kopfhöhe gehalten. Der Blick ist auf den Korb gerichtet. Die Beine werden stärker gebeugt. Der Ball wird mit den Händen so gedreht, daß er sich in Brusthöhe auf den gespreizten Fingern der Stützhand befindet. Die Wurfhand befindet sich zwischen Körper und Ball.

Vor der Streckung des Ellbogens steht der Oberarm im rechten Winkel sowohl zum Oberkörper als auch zum Unterarm. Der Arm wird nach oben gestreckt, wobei der Ellbogen unter dem Ball bleibt. Gleichzeitig erfolgt eine Streckung der Beine.
Während des Abwurfs wird das Handgelenk locker nach unten gedrückt. Der Ball erhält den letzten Druck durch die Fingerspitzen. In diesem Augenblick ist der Körper von den Fuß- bis zu den Fingerspitzen gestreckt. Die optimale Flugbahn ist aus der Skizze im Anhang zu ersehen.

10.3 UNTERRICHTSZIELE

10.3.1 Grobziel
Die Schüler entwickeln eine Bewegungsvorstellung vom einhändigen Korbwurf aus dem Stand. Sie üben die Fertigkeit ein und wenden sie im Spiel an.

10.3.2 Feinziele

1. motorisch
1.1 Die Schüler führen den einhändigen Korbwurf aus dem Stand mit geringem Kraftaufwand aus
1.2 Sie verbessern ihre sensomotorische Leistung durch kraftvollere Bewegungsausführung
1.3 Sie steigern die Bewegungsausführung durch gezielte Würfe auf den Korb
1.4 Sie wenden die erlernte Fertigkeit im Spiel an

2. kognitiv
2.1 Sie entwickeln anhand der Skizze eine Bewegungsvorstellung vom einhändigen Korbwurf
2.2 Sie beschreiben den Bewegungsablauf mit eigenen Worten
2.3 Sie erkennen in der Ellbogenführung die Hauptphase
2.4 Sie erkennen und korrigieren falsche Ausführungen bei sich selbst und den Mitspielern
2.5 Sie bestimmen aus der Analyse des Spiels das Grobziel der nächsten Stunde

3. sozial
3.1 Sie begünstigen durch ihr Spielverhalten die Anstrengungen der schwächeren Schüler, in Wurfposition zu gelangen
3.2 Sie unterstützen, daß jeder, der in Wurfposition steht, auf den Korb wirft

10.4 GEPLANTER UNTERRICHTSVERLAUF

1. Begrüßung und Bekanntgabe des Stundenverlaufs
2. Gymnastik unter Anleitung von Christiane R.
3. Bewegungsanalyse und Beschreibung des einhändigen Korbwurfs aus dem Stand
4. Eigenrealisation des Korbwurfs in Partnerarbeit
5. Gezielte Würfe auf den Korb
6. Anwendung der erlernten Fertigkeit im Spiel

10.5 DURCHFÜHRUNG UND ANALYSE DER STUNDE

Nach der Begrüßung und der Bekanntgabe des geplanten Stundenverlaufs führte Christiane R. die Gymnastik durch, die die Muskulatur lockerte und erwärmte. Ich bat die Schüler, sich in der Mitte der Halle im Kreis hinzusetzen und übergab jedem die Skizze des einhändigen Korbwurfs aus dem Stand[27]. Nach ausreichender Zeit zur Durchsicht besprach ich mit ihnen die aufgeführten Merksätze.
Die Schüler diskutierten die in den Merksätzen enthaltenen Phasen und arbeiteten die Ellbogenführung als Hauptelement der Bewegung heraus. Sie betonten, daß die Bewegung für Linkshänder (Gerald J.) gegengleich auszuführen sei.

---

[27] KÖHLER, Irene, a. a. O., 34—46 (siehe Anhang).

Im Gegensatz zur dritten Stunde fiel es den Schülern leichter, eine Bewegungsbeschreibung zu entwickeln. Das Unterrichtsgespräch verlief sehr sachlich und das Interesse, den Korbwurf zu erlernen, war deutlich zu spüren.
Ich wies auf die Stellung des Oberarms hin, der zum Unterarm und zur Körperachse einen rechten Winkel aufweisen muß. Um die Konzentration darauf zu lenken, gab ich die Anweisung, im Zweimeterabstand in Partnerarbeit zu üben. Als Ausgangsstellung des Oberarms sollte der erste Teil von Phase III (siehe Sachanalyse) eingenommen werden. Auf untenstehendem Bild ist die Ausgangsstellung von Christiane G. fast korrekt (der Unterarm könnte noch mehr gewinkelt sein).

Ich bat Christiane G., die Übung zu demonstrieren, wobei die Schüler die wesentlichen Bewegungsmomente kritisch überprüften. Ich wies darauf hin, daß der Wurf unverkrampft und locker auszuführen sei.
Die Schüler übten in dieser Phase selbständig und bemühten sich, durch gegenseitige Korrektur die richtige Bewegung zu realisieren. Dabei kristallisierte sich neben kleineren Unkorrektheiten, die von den Schülern schnell behoben wurden, als Hauptfehler die falsche Ellbogenführung heraus. Die Ausgangslage wurde zwar eingenommen, doch wurde im letzten Augenblick vor dem Wurf der Oberarm an den Körper angelegt, so daß ein kugelstoßartiger Wurf zustandekam.
Um diesen Fehler zu verdeutlichen, ließ ich die Bewegung von Gabriela R. und Sabine K. vormachen. Zunächst stellten alle fest, daß die Bewegungselemente des Korbwurfs berücksichtigt wurden, doch hinsichtlich der Ausführung ein Unterschied bestand. Nachdem ich die Beobachtungsaufgabe gegeben hatte, auf den direkten

Übergang der Ausgangsphase in die Streckung zu achten, wurde der Fehler bei Sabine K. erkannt.

Auf den beiden Bildern wird deutlich, daß Sabine K. nach der Ausgangsstellung etwas in die Hocke geht, die Armstellung ist noch korrekt. Sie legt im letzten Moment den Ellbogen an den Oberkörper und führt eine kugelstoßartige Bewegung aus. Durch den dabei auftretenden Schwung verliert sie ihren Stand.

Die Schüler stellten sich wieder paarweise auf und achteten besonders auf den soeben erkannten Fehler. Nachdem die Grobform bei allen erreicht war, erweiterten die Schüler den Abstand auf fünf Meter.

Für die meisten war diese etwas schwierigere Übung kein Problem. Einige wandten jedoch wieder die Stoßtechnik an oder führten die Armstreckung zu flach oder zu steil aus. Bei einigen griff ich ein und gab zusätzlich den Hinweis, sich das entsprechende Fehlerbild nochmal anzuschauen. Allmählich wurde die Grobform bei allen — bis auf Sabine K. — realisiert, so daß mit dem gezielten Wurf auf den Korb begonnen werden konnte.

Dazu ließ ich von allen anwesenden Schülern zwei Fünfer- und zwei Vierergruppen bilden, die, wie es sich inzwischen eingebürgert hatte, von vier Mädchen durch Wahl bestimmt wurden. Diese Gruppen sollten auch im folgenden Spiel bestehen bleiben. Die ausgewählte Übungsform wurde an der Tafel aufgezeigt und von einer Gruppe

vorgemacht. Jede Gruppe bekam zwei Bälle und je zwei übten in untenstehender Aufstellung an einem Korb.
Die Spieler 2 und 3 haben jeweils einen Ball. Auf den Korb wirft 2, 1 fängt den Ball auf, übergibt ihn an 4 und stellt sich hinten an. 2 nimmt die Position unter dem Korb ein, fängt den von 3 geworfenen Ball, übergibt diesen an 5 und stellt sich hinten wieder an.

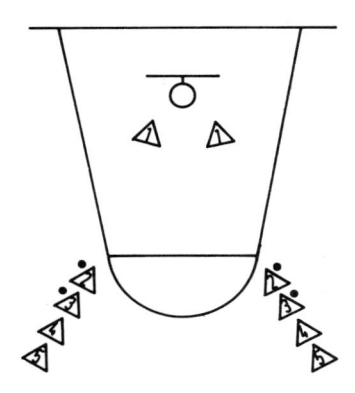

Die Schüler übten in den Gruppen sehr diszipliniert und intensiv, da sie offensichtlich durch den Korb als Ziel besonders motiviert waren. Auch zeigte sich hier ein intensiveres Eingehen aufeinander, da jeder die Möglichkeit der Hilfe in Anspruch nahm bzw. anwendete. Die Schüler arbeiteten so gut in den Gruppen, so daß ich mich um Sabine K. und Sonja S. kümmern konnte, die immer noch Schwierigkeiten mit der richtigen Ellbogenführung hatten.
Für das folgende Spiel wurden von mir[28] die untenstehenden Regeln formuliert:
— Es wirft nur derjenige auf den Korb, der auch wirklich günstig steht und genügend Zeit für den Wurf hat.
— Derjenige der freisteht, wird psychisch gestützt, indem er „gezwungen" wird zu werfen.
Die Schüler spielten dann gut zusammen, wenngleich nicht so engagiert wie in der vierten Stunde. Erfreulich war die akustische Unterstützung wie z. B. „wirf drauf" von den Mitspielern, wenn sich einer, der freistand, nicht sofort traute.
Bei einigen Schülern war deutlich zu erkennen, daß sie Schwierigkeiten hatten, sich in eine gute Wurfposition zu bringen. Dies wurde in der abschließenden Besprechung auch von Sonja S. formuliert: „Ich weiß manchmal gar nicht, wo ich hinlaufen soll".
Um der jetzt noch vorherrschenden Orientierungslosigkeit zu begegnen, schlugen die Schüler vor, sich in der folgenden Stunde genauer mit Fragen eines Spielsystems zu befassen.

---

[28] Ich mußte aus Zeitgründen — die Pause war schon 15 Minuten überzogen — darauf verzichten, die Notwendigkeit dieser Regelung mit den Schülern gemeinsam zu erarbeiten.

11. Die sechste Unterrichtsstunde

11.1 THEMA DER STUNDE: DIE RAUMDECKUNG

11.2 SACHANALYSE

Die Raumdeckung kann in zwei verschiedenen Aufstellungen realisiert werden. Die erste (2:1:2) verhindert das Spiel unter dem Korb und Würfe aus kürzester Entfernung; die zweite (2:2:1) verhindert eher die Weitwürfe, erleichtert aber ein Spiel unter dem Korb.

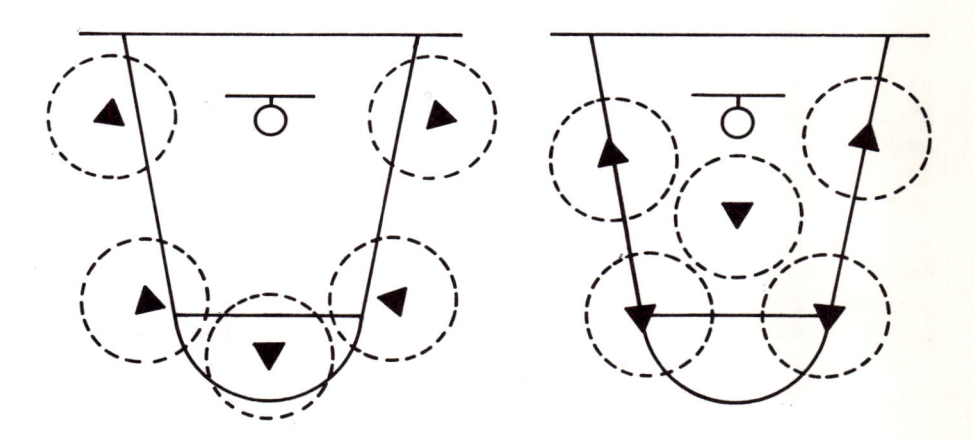

Die Positionen der einzelnen Spieler werden vor Spielbeginn bestimmt, damit jeder weiß, wohin er laufen muß. Die Position sollte so schnell wie möglich eingenommen werden.

Daraus ergeben sich für die abwehrende Mannschaft folgende Vorteile: Die Raumdeckung ist eine Orientierungshilfe bei Ballverlust, erfordert permanent ein Aufeinanderabstimmen innerhalb der Gruppe, ist für alle Teilnehmer überschaubar, relativiert die individuellen Schwächen eines Spielers und kann eine konditionelle Pause bedeuten.

Die Vorteile für die angreifende Mannschaft bestehen darin, daß sie die Möglichkeit hat, „ungehindert einen Angriff aufzubauen und den Ball unter Kontrolle zu halten. Sie kann den Ball sichern, indem sie um die ‚Zone' der Raumdeckung herumspielt, und genau zuspielen, wenn ein Mitspieler in die gegnerische Zone eingebrochen ist"[29]

---

[29] STÖCKER, Gerhard, a. a. O., 39.

11.3 DIDAKTISCHE REDUKTION

Die Bestimmung der motorischen Lernziele — sofern sie nicht der Entwicklung von Kooperationsbereitschaft entgegenstehen (z. B. das Dribbling) — konnte in den bisherigen Stunden problemlos den Schülern zugestanden werden.

Als Hauptproblem der vergangenen Stunde hatten sie ihre Orientierungslosigkeit im Spiel bezeichnet. Ihr Bedürfnis, die mangelnde Spielübersicht zu beheben, kann m. E. am besten durch die Vermittlung der Raumdeckung befriedigt werden.

Im Gegensatz zur bisherigen Praxis werde ich am Ende der Stunde das Thema der folgenden benennen: Spiel im Freien.

Die Schüler sollen zum Schluß dieser Einführungsphase die erworbenen Fähigkeiten unter freizeitrelevanten Bedingungen einsetzen können.

11.4 UNTERRICHTSZIELE

11.4.1 Grobziel

Die Schüler lernen die Vor- und Nachteile der Raumdeckung kennen, üben ihre Formation ein und wenden sie im Spiel an.

11.4.2 Feinziele

1. motorisch
1.1 Sie wenden die Raumdeckung beim Spiel auf einen Korb an; die Angreifer behalten ihre Positionen
1.2 Sie verbessern ihre sensomotorische Leistung, indem die Angreifer ihre Positionen wechseln
1.3 Sie wenden im Spiel abwechselnd die Verteidigungs- und Angriffstechnik an

2. kognitiv
2.1 Sie entwickeln eine Vorstellung von der Raumdeckung
2.2 Sie benennen ihre Vor- und Nachteile
2.3 Sie entwickeln eine Strategie für die angreifende Mannschaft
2.4 Sie erkennen im eigenen wie auch im Spiel der anderen die Ursachen für evtl. Nichtfunktionieren der Raumdeckung und entwickeln Gegenmaßnahmen

3. sozial
3.1 Sie organisieren in den Gruppen die Aufstellung der Raumdeckung
3.2 Sie kontrollieren sich selbst und die anderen in der Formation der Raumdeckung
3.3 Die Verteidiger verständigen sich untereinander dahingehend, daß sie im Spiel die Raumdeckung schneller aufbauen als die Angreifer ihren Angriff

11.5 GEPLANTER UNTERRICHTSVERLAUF

1. Begrüßung und Bekanntgabe des Stundenverlaufs
2. Gymnastik unter Anleitung von Thomas M.
3. Sachanalyse der Raumdeckung

4. Zwei Gruppen üben an einem Korb die Raumdeckung; die Angreifer verändern ihre Positionen auch nicht
5. Die Gruppen üben an einem Korb, wobei die Angreifer ihre Positionen ständig wechseln
6. Sie wenden die Raumdeckung im Spiel an
7. Schlußbesprechung und Planung der nächsten Stunde

11.6 DURCHFÜHRUNG UND ANALYSE DER STUNDE

Nach der Gymnastik demonstrierte ich den Schülern die Ausgangsposition einer zur Abwehr bereiten Mannschaft an untenstehendem Tafelbild. Da in dieser Stunde Vierergruppen gebildet wurden, habe ich die Raumdeckung entsprechend abgeändert.

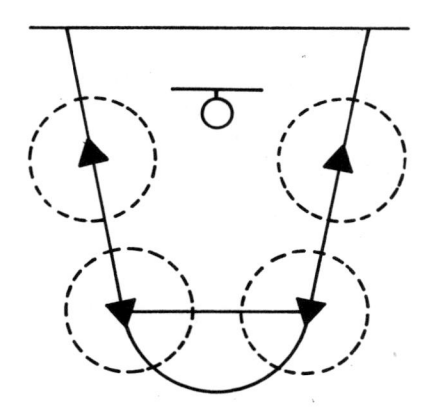

Die Schüler erkannten, daß mit dieser Deckungsart der Freiwurfraum nahezu abgeschirmt werden kann. Sie wiesen auf die Ineffektivität bei guten Weitwerfern hin, stellten jedoch folgende Vorteile in den Vordergrund:
1. Jeder weiß beim Ballverlust, wo er ‚hingehört'
2. Die Abwehr kann eine konditionelle Ruhepause sein

Für die praktische Umsetzung der theoretisch verstandenen Deckungsart bildeten die anwesenden 16 Schüler vier Vierergruppen. Je zwei Gruppen gingen an einen Korb, wo sie eine Raumdeckung aufbauten, den Abwehrspielern Angreifer zuordneten, die die Aufgabe hatten, zum Korb durchzubrechen, ohne mit den Mitangreifern die Position zu wechseln.

Bei dieser Übung sollten sich die Abwehrspieler daran gewöhnen, daß sie ihre Position halten müssen, obwohl der Ball laufend die Richtung wechselt.

Die Angreifer sollten erkennen, daß die Deckung leichter zu durchbrechen ist, wenn die Positionen untereinander ausgetauscht werden können.

Die Gruppen gingen an ihren Korb, bestimmten die Positionen der Mitspieler und fingen zunächst langsam an zu üben. Dabei wurden durch akustische und gestische Informationen falsche Positionen korrigiert bzw. richtige vorbereitet. Nachdem die Gruppen untereinander gewechselt hatten — die Angreifer wurden Verteidiger —, rief ich die Schüler zum ersten Erfahrungsaustausch zusammen.

In diesem Gespräch wurde deutlich, daß die Teilnehmer zu den von mir erhofften Erkenntnissen gekommen waren, und die Übung somit ihren Zweck erfüllt hatte. Die nächste Übung schlugen die Schüler selber vor; die Abwehr behält die Raumdeckung bei, während die Angreifer durch ständiges Rotieren die Deckung zu verwirren suchen.

Dabei konnte ich beobachten, daß die Abwehrspieler sehr bald verunsichert wurden. Sie hatten jeweils dann Schwierigkeiten, wenn die Angreifer sich etwas weiter zurückzogen, so daß eine zu große Lücke entstand, die vom Nebenspieler nicht ausreichend abgedeckt werden konnte. Ich betreute die Gruppen abwechselnd, gab einige individuelle Hilfen und wies vor allem darauf hin, daß die Abwehrspieler auch beim Rückzug der Angreifer ihre Positionen behalten sollten.

Nachdem gewechselt wurde und beide Gruppen die Raumdeckung beherrschen, wurde die Übung abgebrochen, um die erlernte Taktik im Spiel anzuwenden.

In den folgenden zwei Spielen zeigten sich einige Schwierigkeiten, die im Unterrichtsgespräch analysiert wurden. Auf Grund dieser Analyse wurden folgende Verhaltensweisen betont:

1. Die Gruppen müssen *vor* dem Spiel deutlich die Positionen ihrer Mitglieder bestimmen und im Spiel einhalten.
2. Bei Ballverlust müssen *alle* so schnell wie möglich ihre Position einnehmen, damit der Gegner keinen Angriff gegen eine unformierte Abwehr starten kann.

Die folgenden Spiele verliefen besser strukturiert, verschiedentlich wurden von mir akustische Hilfen wie „sofort zurück" u. ä. gegeben. Es zeigte sich, daß die Schüler die wesentlichen Momente der Raumdeckung verstanden hatten.

Das Spiel beschränkte sich hauptsächlich auf den Druckpaß und den Korbwurf aus kurzer Distanz; Weitwürfe wurden wegen der noch bestehenden Unsicherheit kaum angewendet. Da das Herausspielen von Wurfgelegenheiten nahezu die einzige Möglichkeit war, sich gegen die teilweise gut gestaffelte Abwehr durchzusetzen, wurde sehr viel abgegeben, was sich auf die Kommunikation und das Verhalten in den Gruppen positiv auswirkte.

In der Abschlußdiskussion wurde das verbesserte Spielverhalten erkannt und betont, daß die Raumdeckung eine sehr große Hilfe für die Orientierung des einzelnen sei. Für die nächste Stunde schlug ich vor, im Freien zu spielen. Meine Vorstellung war, einen Dauerlauf in die Hasenheide zu machen und anschließend dort auf der Wiese zu spielen. Ein großer Teil der Schüler nahm die Idee positiv auf, es wurden Vorschläge gemacht, wie mit Hilfe von Papierkörben, präparierten Plastikschüsseln und Reisigkörben ein provisorischer Basketballkorb hergestellt werden kann.

Als Gegenargument wurde der zu weite Weg angeführt. Da die Abstimmung mit 8:8 unentschieden ausging, machte ich den Vorschlag, den näher gelegenen Hockeyplatz zu benutzen — vorausgesetzt natürlich, daß wir eine Genehmigung vom Bezirkssportamt bekommen würden.
Diesem Vorschlag stimmten die Kursteilnehmer zu, und ich forderte sie auf, einen Trainingsanzug mitzubringen.

12. Die siebente Unterrichtsstunde

12.1 THEMA DER STUNDE: SPIEL AUF EINER WIESE

12.2 DIDAKTISCH-METHODISCHE ENTSCHEIDUNGEN

12.2.1 Sachanalyse
Das Spiel auf selbstmarkiertem Spielfeld auf einer Wiese unterscheidet sich von dem in der Halle in folgenden Punkten:
1. Die veränderte Bodenbeschaffenheit bewirkt, daß das Dribbeln verlangsamt wird.
2. Wegen der fehlenden Begrenzungslinien ist die Orientierung für die Raumdeckung erschwert.
3. Es können nur die schwierigen direkten Korbwürfe angewendet werden, da hinter dem Korb kein Brett vorhanden ist.
4. Durch das fehlende Brett verliert das Spiel unter dem Korb etwas an Bedeutung.

12.2.2 Begründung der Stoffauswahl
Das Thema der Stunde ergibt sich aus der Argumentation in der didaktischen Reduktion auf Seite 11—12, wo die Notwendigkeit betont wird, sich nicht nur auf das normierte Spiel in der Turnhalle zu beschränken.

12.2.3 Didaktische Reduktion
Die größten Schwierigkeiten werden sich aus der veränderten Bodenbeschaffenheit ergeben, die sich hauptsächlich beim Dribbling auswirken wird. Eine Möglichkeit, das Problem zu lösen, besteht im generellen Verzicht auf Dribblings. Die Schüler sollen erfahren, daß ein Spiel gänzlich ohne Dribbling durchgeführt werden kann, wenn es die Situation erfordert.

12.2.4 Begründung des Unterrichtsverfahrens
In dieser Stunde geht es nicht um das Erlernen neuer motorischer oder taktischer, sondern um die Übertragung bisher bekannter Fertigkeiten — Druckpaß, Korbwurf, Raumdeckung — auf eine neue, den Schülern unbekannte Situation.
Als Vorbereitung dient ein Unterrichtsgespräch zu Beginn der Stunde, in dem die relevanten Daten des Spielfeldes in Erinnerung gebracht werden. Es folgt ein Dauerlauf zum Hockeyplatz, wo die Schüler mit Hilfe von vier Korbballständern und acht Eckfahnen zwei Spielfelder abgrenzen. Sind die vier Gruppen gewählt, soll mit dem Spiel begonnen werden, wobei der Anwendung der in der letzten Stunde gelernten Raumdeckung besondere Bedeutung zukommt.
Die Erfahrungen dieser ersten Spielphase sollen diskutiert werden, um Möglichkeiten zu finden, positive Spielweisen zu verstärken und negative zu verbessern. Es ist anzu-

nehmen, daß die Schüler die in der Sachanalyse angegebenen Unterschiede zum Hallenspiel erkennen, wobei das Problem des Dribblings besonders beachtet werden soll.
Ich werde die Schüler auffordern, die nächste Spielphase ohne Dribbling zu spielen. Die dabei gewonnenen Erfahrungen werden mit denen des ersten Spiels verglichen.
Das Spiel ohne Dribbling belastet die Konzentrationsfähigkeit und verlangt — da Einzelaktionen jedweder Art ausgeschlossen sind — ein permanentes Freilaufen ohne Ball. Dadurch wird eine intensive Kommunikation in den Gruppen gefordert.
Neben diesen Erfahrungen soll im Unterrichtsgespräch auch diskutiert werden, unter welchen Bedingungen ein Spiel ohne Dribbling angebracht ist (bei Anfängern, unebenem Boden, Sand, usw.).
In der letzten Spielphase entscheiden die Schüler selbst wie sie spielen wollen; mit oder ohne Dribbling. Bevor sie in die Turnhalle zurückgehen, soll im abschließenden Unterrichtsgespräch zusammenfassend festgestellt werden, daß man als Voraussetzung für ein Basketballspiel — relativ unabhängig von der Bodenbeschaffenheit — nur ein ausreichend großes Spielfeld benötigt.
Es sollen Möglichkeiten genannt werden, wie man ungünstige Bodenverhältnisse überwinden, durch Kleidungsstücke, Zweige, Striche — oder Verzicht — die Markierungen regeln und wie man mit Plastikschüsseln, Körben oder Eimern provisorische Körbe herstellen kann.
Die Schüler sollten vom normierten Basketballspiel soweit abstrahieren können, daß sie erkennen, daß ein Spiel immer dann möglich ist, wenn die Spieler in der Lage sind, Regeln zu entwickeln, die die jeweiligen Bedingungen berücksichtigen.

12.2.5 Medien
Für die Abgrenzung der Spielfelder stehen insgesamt vier Korbballständer und acht Eckfahnen zur Verfügung. Aus der Turnhalle werden zwei Basketbälle mitgenommen.

12.3 UNTERRICHTSZIELE

12.3.1 Grobziel
Die Schüler organisieren ein Basketballspiel außerhalb der Turnhalle und erkennen dadurch den Freizeitwert des Basketballspiels.

12.3.2 Feinziele
1. instrumentell
1.1 Die Schüler markieren auf der Wiese mit 4 Korbballständern und 8 Eckfahnen zwei Spielfelder
1.2 Sie fixieren die Korbhöhe auf drei Meter

2. motorisch
2.1 Die Schüler wenden im Spiel den direkten Korbwurf an
2.2 Sie wenden die Raumdeckung an

2.3 Sie führen ein Spiel ohne Dribbling nur mit Hilfe des Druckpasses durch
2.4 Sie intensivieren das Freilaufen ohne Ball
2.5 Sie verbessern ihre Kondition

3. *kognitiv*
3.1 Sie erkennen, daß Basketballspiel auf einem Rasen möglich ist
3.2 Sie erkennen, daß die Voraussetzung für ein Basketballspiel im Freien verhältnismäßig leicht zu realisieren ist
3.3 Sie erkennen, daß das Spielverhalten den veränderten Bedingungen angepaßt werden muß (z. B. verstärktes Abspiel, direkter Korbwurf)
3.4 Sie erkennen die Vor- und Nachteile eines Spiels ohne Dribbling

4. *sozial*
4.1 Sie organisieren eine Raumdeckung in den Gruppen
4.2 Sie artikulieren ihre Erfahrungen über Basketballspiel im Freien
4.3 Sie fördern ihre Kommunikation durch das Festlegen neuer Regeln

5. *affektiv*
5.1 Sie entwickeln eine flexible Einstellung zum normierten Basketballspiel
5.2 Sie fördern ihre Bereitschaft, während der Freizeit Basketball zu spielen

12.4 GEPLANTER UNTERRICHTSVERLAUF

Zeit	Lernziel	Lehrer- und Schüleraktivität	Sozialform	Medien	Didaktische Begründung
5'	1.1 1.2	Die Schüler legen die ungefähren Maße des Spielfeldes fest	UG	Halle	Die ungefähre Kenntnis erleichtert nachher die Abgrenzung
5'	2.5	Lockerer Dauerlauf zum Hockeyplatz	GA		Kleine Konditionsschulung
15'	1.1 1.2	Sie grenzen zwei Spielfelder ab und wählen die Gruppen	GA	4 Ständer, 8 Fahnen	Die Schüler grenzen selbständig zwei Spielfelder ab
10'	2.1 2.2 4.1	1. Spielphase	GA	2 Bälle	Sie lernen die veränderten Bedingungen kennen
5'	3.1 3.2 3.3 4.3	1. Reflexionsphase	UG		Sie artikulieren gute und schlechte Eindrücke und machen Verbesserungsvorschläge
10'	2.3 2.4	2. Spielphase — Spiel ohne Dribbling	GA	2 Bälle	Die Schüler erfahren die Besonderheiten des Spiels ohne Dribbling

Zeit	Lern-ziel	Lehrer- und Schüleraktivität	Sozial-form	Medien	Didaktische Begründung
5'	3.3 3.4	2. Reflexionsphase	UG		Sie diskutieren die Vor- und Nachteile
10'	2.3 2.4	3. Spielphase	GA	2 Bälle	Sie entscheiden, mit welcher Regel sie spielen wollen
5'	4.2	Gesamtreflexion der Stunde	UG		Beurteilung der Spiele

12.5 DURCHFÜHRUNG UND ANALYSE DER STUNDE

Die siebente Unterrichtsstunde fand auf dem Hockeyplatz in der Nähe der Schule statt. Die Genehmigung zur Benutzung des Rasenplatzes hatte ich beim Sportamt eingeholt.

Da es an diesem Tag ziemlich kalt war (+ 8 Grad Celsius), und es am Tag vorher geregnet hatte, wurde ich schon in der Pause von einigen Schülern gebeten, den Unterricht in der Halle durchzuführen; einige hätten auch keinen Trainingsanzug mitgebracht.

Diesem Wunsch kam ich nicht nach und erläuterte ihnen warum ich unter diesen Bedingungen das Basketballspiel im Freien durchführen wollte:

1. Es sei warm genug, um ohne Verletzungs- oder Erkältungsgefahr spielen zu können. Die Möglichkeit, zwei Spielfelder zu benutzen, garantiere jedem Schüler ständige Bewegung.
2. Es sei aus organisatorischen Gründen nicht möglich, den Platz an einer der folgenden Stunden zu benutzen.
3. Meiner Überzeugung nach würde die Erfahrung, im Freien gespielt zu haben, die Freude an diesem Spiel fördern.

Von diesem Gespräch wurde den anderen Schülern berichtet und zu Beginn der Stunde erklärten sich alle unter Vorbehalten und mit sichtbarer Lustlosigkeit bereit, „es mal auszuprobieren".

Die beiden Schüler, die ihren Trainingsanzug vergessen hatten, behielten ihre Jeans an, und wir sammelten uns in der Turnhalle. Dort legten wir die ungefähren Maße des Spielfeldes folgendermaßen fest: Spielfeld 30 x 15 m; Korbhöhe 3 m; Korbabstand von den Endlinien 1,5 m.

Nachdem ich die Schüler auf die notwendige Aufmerksamkeit beim Zurücklegen des Weges hingewiesen hatte, starteten wir im Dauerlauf, mit einer kleinen Pause in der Mitte, zum Hockeyplatz. Dort überließ ich den Schülern vier Korbballständer und acht Eckfahnen für die Errichtung der Spielfelder.

In dieser Phase hielt ich mich bewußt im Hintergrund und nahm eine Beobachtungsposition ein. Die Schüler sollten ihre Aufgabe selbst lösen, da ihnen in einer entsprechenden Freizeitsituation auch niemand hilft. Die andersartigen Körbe wurden be-

staunt und mit den Bällen gespielt, so daß es gut 10 Minuten dauerte, bis die Spielfeldlänge mit Schritten abgemessen und die Körbe aufgestellt waren. Die vier anwesenden Mädchen wählten die Gruppen; da nur 15 Schüler anwesend waren, spielte ich in Petra H's. Gruppe mit.
Nachdem alle organisatorischen Voraussetzungen gegeben waren, führte ich eine sehr gezielte Fingergymnastik durch, um der durch die Kälte verstärkten Verletzungsgefahr vorzubeugen. Nachdem jeder das Kribbeln in den Fingern verspürte, konnten die Spiele beginnen. Vorher wies ich darauf hin, auf die Raumdeckung in den Gruppen zu achten.

Beim Spiel zeigte sich ein anfängliches Mißtrauen gegen den nassen und schmutzigen Ball, was sich aber nach den ersten Ballkontakten schnell legte. Das Spiel wurde lockerer, und die anfänglichen Schwierigkeiten bei der Raumdeckung wurden überwunden. Es entstand ein ruhiges Spiel, in dem die ungewohnten Bedingungen registriert wurden, was sich in einigen Spontanäußerungen zeigte.
Nach zehn Minuten rief ich die Schüler zusammen, sie brachten folgende Beobachtungen zum Ausdruck:
— Der Rasen ist naß, das Fintieren wird sehr erschwert, weil man leicht ausrutscht.
— Das Dribbling ist schwierig, da die Bremswirkung des Rasens die Schnelligkeit des Balles verringert.
— Das fehlende Brett erschwert den Korberfolg.
— Der Ball ist naß und glatt; weil er deshalb öfter hinfällt, wird das Spiel langsamer.
Dem vierten Punkt wurde jedoch von Frank B. energisch widersprochen; seine Gruppe verzichtete weitgehend auf das Dribbling, der Ball blieb trocken, fiel deshalb weniger hin, so daß das Spiel schneller wurde.

Diese Bemerkung griff ich auf und schlug den Schülern vor, in den nächsten zehn Minuten ohne Dribbling zu spielen. Wer trotzdem dribbelte, sollte den Ball abgeben.
Das Spiel begann bei einigen mit einer deutlich aufkommenden Lustlosigkeit. Vornehmlich Gerald J., der in meiner Mannschaft spielte und immer bemüht war, nach offiziellen Regeln zu spielen, resignierte, nachdem er nach einem Dribbling den Ball abgeben mußte: „Das ist unmöglich, ohne zu dribbeln; man denkt nicht daran". Diese Schwierigkeit hatte Gerald J. nicht allein; doch wurde das Problem nicht sehr groß, weil in den sonstigen Spielen in der Halle auch nur von wenigen gedribbelt wurde. Allmählich wurde das Spiel flüssiger, und Gerald und die anderen überwanden ihre Frustrationen. Sie waren vom Spiel zwar nicht begeistert, beteiligten sich aber gut.
Das von mir erwartete verstärkte Gruppenverhalten wurde ganz deutlich sichtbar. Die Schüler forderten sich gegenseitig auf, sich freizulaufen und sich anzubieten, da sie die Zeit nicht mit einem Dribbling am Ort überbrücken konnten.

Spielszene unter dem Korb

In der Besprechung kam zum Ausdruck, daß das Spiel ohne Dribbling nicht nur möglich ist, sondern auch Spaß machen kann. Das dadurch notwendige Freilaufen, das direkte und schnelle Spiel sowie die Ausschaltung von Einzelaktionen wurden von den meisten sehr positiv aufgenommen. Skeptisch blieben jedoch diejenigen, die im Basketballspiel größere Erfahrungen hatten und das Dribbling beherrschten.
In der letzten Phase sollten die Schüler selbst entscheiden, ob sie lieber mit oder ohne Dribbling spielen wollten. Auf einem Feld wurde dann mit, auf dem anderen ohne Dribbling gespielt. Nachdem die Geräte wieder abgebaut worden waren, trafen wir uns im Umkleideraum des Sportplatzes zur abschließenden Stundenbesprechung.

Dort wurde festgestellt, daß sich das Spiel ohne Dribbling für einen Rasenplatz oder unebenen Boden gut eignet; ebenso für den Strand und für eine Anfängergruppe. Zum Abschluß stellte ich ihnen folgende Frage: „Was würden Sie tun, wenn Sie während einer Klassenfahrt Lust hätten, Basketball zu spielen und Ihnen lediglich ein Ball zur Verfügung stände?"

Die Schüler meinten, der Ball sei das Wichtigste; den Korb könnte man entweder spontan aus Plastikschüsseln usw. herstellen und irgendwie aufhängen; man könnte aber auch ganz auf den Korb verzichten und einen Kreis auf dem Boden markieren, in den der Ball geworfen oder gelegt werden sollte.

Der Verlauf der Diskussion zeigte, daß die Schüler flexibel genug waren, um ein Spiel dort zu gestalten, wo sie nicht über die genormte Halle verfügten. Sie entwickelten genügend Phantasie, um die notwendigen Voraussetzungen provisorisch herzustellen.

Die Schüler äußerten sich insgesamt positiv über das „Freiluftspiel" und stellten fest, daß ihnen nach einer anfänglichen Eingewöhnungszeit die Temperatur nichts mehr ausgemacht hätte.

13. Lernerfolgskontrolle

Die Lernerfolgskontrolle der Unterrichtsreihe bestand wie geplant aus zwei Teilen; im ersten wurden die sensomotorischen Fertigkeiten überprüft, im zweiten ihre Anwendung im Spiel unter gruppendynamischen und sozialen Gesichtspunkten.

13.1 DIE MOTORISCHE LERNZIELKONTROLLE

Für die Überprüfung der motorischen Lernziele wurden beide Fertigkeiten ausgewählt, die in dieser Reihe unterrichtet wurden; der Druckpaß und der einhändige Korbwurf aus dem Stand.

13.1.1 Der Druckpaß

Aus der Sachanalyse lassen sich folgende drei Phasen erkennen, die für die Beurteilung — neben der Koordination der Gesamtbewegung — herangezogen wurden[30].

1. Ausgangsstellung (4): Daumenhaltung, Schrittstellung, Vorlage, Blickrichtung
2. Druckphase (5): Ellbogenführung, Handflächendrehung, Armstreckung
3. Flugkurve (1): geradliniger Verlauf
4. Koordination (5): Gesamteindruck der Bewegung

Ein Blick auf die Tabelle auf Seite 60 zeigt, daß bei der Koordination die meisten Punkte eingebüßt wurden. Ich führe das darauf zurück, daß die Schüler die Gesamtbewegung sehr ruckartig durchgeführt haben, was auf mangelnde Übung und Verkrampfung durch überhöhte Konzentration zurückzuführen ist. Neben Lutz H. und Sonja S. waren Michael K. und Harald H., zwei gute Basketballspieler, nicht in der Lage, die angewinkelten Ellbogen an den Körper zu legen.

13.1.2 Der einhändige Korbwurf aus dem Stand

Auch bei dieser Bewegung ergeben sich aus der Sachanalyse drei Phasen, in denen folgende Elemente beachtet werden sollen:

1. Ausgangsstellung (2): leichte Schrittstellung, Vorlage, Ellbogenhaltung
2. Streckphase (5): Armführung, Körperstreckung
3. Abwurfphase (3): Handgelenksdruck, Flugkurve
4. Koordination (5): Gesamteindruck der Bewegung

Erfreulich bei der Ausführung des einhändigen Korbwurfs war die Tatsache, daß jeder die Ausgangsstellung richtig eingenommen hatte. Sie beinhaltete nämlich auch

---

[30] In Klammern die zu erreichende Höchstpunktzahl.

den doppelten rechten Winkel in der Ellbogenstellung (siehe Skizze: erster Teil von Phase III). Schwierigkeiten bestanden noch immer in der Ellbogenführung, die bei einigen Schülern einer Kugelstoßbewegung ähnelte.
Sonja S. und Lutz H. hatten während des Unterrichts die größten motorischen Schwierigkeiten; für sie war die Einführungsphase zu kurz, um eine bessere Bewegungskoordination zu erreichen.
Die Durchschnittswerte von 10,4 bzw. 11,4 zeigen, daß die Schüler im Unterricht erfolgreich gearbeitet haben. Ich führe das auch auf die Tatsache zurück, daß das Schwergewicht bei der Vermittlung motorischer Fertigkeiten im Unterricht auf die korrekte Bewegungsausführung gelegt wurde, was durch die eingesetzten Skizzen kognitiv verstärkt wurde.

13.1.3 Ergebnis der motorischen Lernzielkontrolle

Name	Druckpaß					Korbwurf				
Höchstpunktzahl	4	5	1	5	15	2	5	3	5	15
Frank B.	4	4	1	3	13	2	5	3	4	14
Frank E.	4	4	1	3	13	2	2	3	1	8
Christiane G.	4	4	1	3	13	2	4	3	4	13
Lutz H.	3	2	1	1	7	2	2	1	1	6
Petra H.	4	4	0	2	10	2	2	3	1	8
Harald H.	3	2	1	2	8	2	5	3	4	14
Gerald J.	4	4	1	2	11	2	4	3	4	13
Sabine K.	3	3	0	2	8	2	4	1	3	10
Michael K.	4	2	1	2	9	2	4	3	4	13
Thomas M.	4	4	1	2	11	2	4	3	4	13
Lutz M.	4	4	1	3	12	2	4	3	4	13
Ronald M.	4	3	1	2	10	2	4	3	3	12
Christiane R.	3	4	1	3	11	2	5	3	3	13
Gabriela R.	3	4	1	3	11	2	4	3	3	12
Christian R.	3	3	1	1	8	2	4	3	3	12
Sonja S.	2	1	0	2	5	2	1	1	1	5
Robert V.	4	5	1	4	14	2	4	3	5	14
Detlef L.	4	4	1	1	13	2	4	3	4	13
					187					206
				Durchschnitt	10,4				Durchschnitt	11,4

Die Tabelle zeigt in den ersten drei Spalten die Phasen der Bewegung. In der vierten die Punktzahl für die Koordination und in der fünften die Gesamtpunktzahl. Das Verhältnis von Punkten zu Noten entspricht der verbindlichen Tabelle für die Festsetzung der Zeugnisnote im Kurssystem der Oberstufe.

13.2 DIE SOZIALE LERNZIELKONTROLLE

Für diesen Teil wurde den Schülern folgende Aufgabe gestellt: „Gestalten Sie ein Spiel, in dem von Ihnen die Raumdeckung sichtbar angewendet wird. Setzen Sie in diesem fünfminütigen Spiel die Mitspieler so ein, daß *jeder* fünfmal im Ballbesitz war und einmal auf den Korb geworfen hat!"

Da in dieser Stunde vier Schüler fehlten und zwei wegen Verletzung bzw. Erkältung am Spiel nicht teilnahmen, konnte das Ergebnis nur für 12 Schüler auf Videoband festgehalten werden[31].

Diese bildeten drei Vierergruppen, die durch Wahl von den drei anwesenden Mädchen bestimmt wurden. Für die Gruppe von Sonja S., die zweimal hintereinander spielte, wurde das Ergebnis aus dem zweiten Spiel für die Untersuchung herangezogen.

Die Beteiligung der einzelnen Mitspieler läßt sich aus untenstehender Tabelle ablesen. Trotz des fehlenden Korbwurfs von Christiane G. hat auch die Gruppe 3 die Aufgabe gelöst, da sie es am besten schaffte, alle Schüler angemessen zu beteiligen.

		Ballkontakt	Korbwurf
Gruppe 1:	Sonja S.	6	1
	Lutz M.	15	2
	Robert V.	11	3
	Christian R.	8	1
Gruppe 2:	Christiane R.	6	2
	Michael K.	14	2
	Gerald J.	12	3
	Frank E.	8	2
Gruppe 3:	Christiane G.	5	0
	Harald H.	8	2
	Frank B.	5	2
	Ronald M.	7	1

In der ersten und zweiten Gruppe fiel die starke Dominanz zweier Spieler auf. Das wurde auch im Film deutlich und ergab sich aus der häufigen Interaktion von Lutz M. und Robert V. bzw. Michael K. und Gerald J. Dies hatte zur Folge, daß die anderen Spieler von ihnen erst dann eingesetzt wurden, wenn ihr Partner nicht anspielbar war. Da beide gute Spieler sind und sich häufig freiliefen, führte das zu einer Benachteiligung der anderen.

---

[31] Die Aufzeichnung kann m. E. dennoch als repräsentatives Ergebnis bezeichnet werden, da die Gruppen ihr Verhalten bei Eingliederung der Fehlenden nur unwesentlich änderten.

Im ersten Spiel bewiesen die Schüler die Fähigkeit, auftretende Konflikte selbst zu lösen. Wie selbstverständlich wurde nach einem Foul das Spiel unterbrochen und der Ball an den Gegner abgegeben, der mit Einwurf von der Seitenlinie weiterspielte.
Eine etwas längere Pause wurde notwendig, als Robert V. mit einem Fuß auf der Seitenlinie stand und Ausball reklamiert wurde. Da die Ausregel bisher noch nicht so extensiv ausgelegt wurde, einigten sich die Schüler auf ein Nichtbeachten, und das Spiel ging weiter. Robert V. blieb im Ballbesitz.
Eine besondere Freude war jeder Korberfolg, der von einem Mädchen erzielt wurde. Im ersten Spiel gelang dies Christiane R., die sich darüber hinaus durch ein sehr gutes Doppelpaßspiel mit Michael K. auszeichnete, was auch von den Zuschauern positiv kommentiert wurde.
Die Raumdeckung wurde im ersten Spiel nicht genügend beachtet. Dieses Problem besprach ich mit den Schülern in der Pause und wies die folgenden Gruppen nochmals auf die Anwendung der Raumdeckung hin.
Das führte zu ihrer konsequenten Anwendung im zweiten Spiel vor allem von der dritten Gruppe, die bei Ballverlust sofort zum eigenen Korb zurücklief und die Aufstellung der Raumdeckung organisierte.
Auftretende Konflikte — z. B. bei einem umstrittenen Ausball — wurden unproblematisch und schnell gelöst. Das Sozialverhalten der einzelnen Spieler war überwiegend gut. Frank B. hätte sich bei Abwehraktionen gegenüber den schwächeren Spielern nur auf die Wurfbehinderung beschränken müssen, um damit ein Abspiel immer noch zu ermöglichen. Im Spiel wurde Sonja S. von ihm so stark bedrängt, daß sie schließlich den Ball verlor.
Ein sehr gutes Zusammenspiel fand zwischen Lutz M. und Sonja S. statt. Da Sonja S. in Stellungsspiel und Spielübersicht die größten Schwierigkeiten hatte, war diese Interaktion umso erfreulicher.
Abschließend möchte ich nochmals das faire Spielverhalten betonen. Sporadisch auftretende Unsportlichkeiten wurden sofort zugegeben; beim Spiel hatten die Schüler offensichtlich sehr viel Spaß.
Wie in der Planung vorgesehen, wurde auf eine differenzierte Benotung verzichtet. Ich teilte den Schülern lediglich mit, daß alle Gruppen die Aufgabe gelöst hätten.

13.3 REVISION EINES VORURTEILS

Da wegen der zügigen Durchführung der motorischen Lernzielkontrolle noch etwa 20 Minuten zum Spielen übrigblieben, begannen von den 15 anwesenden Schülern drei Jungen, drei Gruppen zu wählen. Nachdem bei der Wahl nur noch Christian R. und die vier anwesenden Mädchen übrigblieben, fragte Robert V.: „Soll wieder in jede Gruppe ein Mädchen?"
Diese Situation — ähnlich der in der ersten Stunde — war den Mädchen wiederum peinlich, doch sie reagierten ganz anders als zu Beginn des Kurses. Sie bildeten eine Mädchengruppe und vervollständigten sie mit Christian R.

Die Jungen reagierten mißtrauisch und sparten nicht mit abfälligen Bemerkungen. „Ist doch Quatsch, nur Mädchen in einer Gruppe" oder „Da brauchen wir gar nicht zu spielen, lohnt sich doch nicht!"

Ich ließ zunächst die beiden Jungengruppen gegeneinander spielen, um den Mädchen einen konditionellen Vorteil zu verschaffen. Vor dem Spiel der Mädchengruppe mahnte ich die Jungen zu Rücksichtnahme und Fairneß.

Das Spiel verlief fair, doch spielten die Mädchen zu Beginn sehr zaghaft. Außerdem war ihr Spiel zu großräumig angelegt, so daß die Jungen viele Pässe abfangen konnten und mit schnellen Gegenangriffen Korberfolge erzielten. Ein weiterer Nachteil bestand darin, daß die Mädchen und Christian R. kleiner waren, so daß Michael K. (190 cm) unter dem Korb mühelos die abprallenden Bälle abfangen konnte und die Korbwürfe so oft wiederholte, bis sie im Netz landeten. Trotz dieser Nachteile warf Gabriela R. einen Korb, über den sich die Mädchen sehr freuten; von den Spielern auf der Bank wurde er mit lautem Beifall begleitet.

Nach diesem Spiel rief ich die Schüler zusammen und besprach mit ihnen den Spielverlauf. Zwei Kriterien wurden dabei für den Vorteil der Jungengruppe als wesentlich bezeichnet.

— Da Michael K. von keinem Mädchen am Wurf gehindert werden konnte, erzielte die Jungengruppe so viele Körbe.
— Der Ball ging in der Mädchengruppe sehr oft verloren, weil zu großräumig gespielt wurde; eine unterlegene Gruppe muß durch kurze und genaue Pässe lange im Ballbesitz bleiben.

Um die Größenverhältnisse etwas auszugleichen, wurde Christian R. gegen einen gerade hospitierenden Referendar ausgewechselt. Dieser bekam die Anweisung, den eigenen Korb zu decken und sich beim Angriff zurückzuhalten.

Im zweiten Spiel wurde von den Mädchen dann sehr geschickt mit kurzen Pässen gespielt, und sie gelangten sehr bald zu Korberfolgen. Die Jungen konnten den Vorteil der Größe nun nicht mehr ungehindert ausspielen, da der Referendar die vom Brett abprallenden Bälle nach einem Fehlwurf häufig abfing.

Einmal im Ballbesitz, spielten die Mädchen so lange, bis eine Spielerin freistand und auf den Korb werfen konnte, oder gaben zu dem freistehenden Referendar zurück, wenn sie bedrängt wurden. Der zunehmende Erfolg ihrer Spielweise — jedes Mädchen hatte mittlerweile einen Korb erzielt — stärkte ihr Selbstvertrauen, und sie entwickelten sich vom ebenbürtigen zum überlegenen Partner.

Diese Tatsache wurde in der abschließenden Besprechung von allen Jungen akzeptiert, die ihr unzutreffendes Vorurteil korrigierten und folgende Erkenntnisse gewannen:

— Die Jungen betrachteten die Mädchen generell als schwächere Mitspieler, die zu unterstützen waren.
— Sie trauten den Mädchen nur eine Leistung zu, wenn sie daran beteiligt waren.
— Die Mädchen teilten diese Einschätzung ihrer eigenen Leistung.
— Alle Beteiligten — Jungen, Mädchen und Lehrer — waren über die spielerische Leistung der Mädchen erstaunt.

Diese Spielsituation, die sich spontan entwickelt hatte, war für den Kurs sehr notwendig. Vor allem ergibt sich daraus zu diesem Zeitpunkt, also zum Schluß der Einführungsphase, eine zusätzliche Motivation und eine veränderte Einstellung zum koedukativen Sport. Diese Erfahrung war geeignet, das geschlechtsspezifische Denken auf beiden Seiten zu relativieren: Weg von der gönnerhaften Kavaliershaltung zu einer leistungsgerechten Einschätzung der Teilnehmer unabhängig von ihrem Geschlecht.

14. Abschlußanalyse

14.1 REFLEXION ÜBER DIDAKTISCH-METHODISCHE ENTSCHEIDUNGEN

Insgesamt führte die angewandte didaktische und methodische Form des Unterrichts zum angestrebten Ergebnis. Das wurde u. a. aus dem Spielverhalten der Schüler am Ende der Einführungsphase ersichtlich.

Auf der Grundlage der gemachten Erfahrungen möchte ich auf drei mögliche Einwände, die gegen meine Unterrichtskonzeption erhoben werden könnten, eingehen.
1. Sind die Schüler in bezug auf ihre motorischen Fertigkeiten ausreichend gefordert und gefördert worden?
2. Können die Teilnehmer des Kurses ohne Schwierigkeiten in Basketballkurse integriert werden, in denen von Anfang an nach den Regeln der F.I.B.A. gespielt wird?
3. Ist die praktizierte Unterrichtskonzeption, die besonders auf Entwicklung eines sozial-kooperativen Verhaltens und kognitive Erfassung des Spielgeschehens abzielt, auf andere Kurse und auf den Unterricht in der Mittelstufe übertragbar?

Zu 1: In bezug auf zwei Aspekte könnten Einwände erhoben werden:
— durch den koedukativen Unterricht wurden die Jungen unterfordert,
— da relativ viel Zeit für Diskussionen aufgewandt wurde, kamen die motorischen Lernziele zu kurz.

Der erste Einwand kann weitgehend entkräftet werden: Bei der Gymnastik zu Beginn jeder Stunde und beim Erlernen neuer Bewegungen ist der Erfolg in erster Linie durch den subjektiven Einsatz — unabhängig von der Geschlechtszugehörigkeit — bestimmt. Im Spiel selbst wird durch die Teilnahme von Mädchen das Tempo zwar teilweise verringert, die Jungen (vorausgesetzt, sie sind „besser") haben aber nicht weniger Gelegenheit, körperliches Geschick zu entwickeln. Sie müssen ihr Können anders einsetzen und dazu beitragen, daß ein flüssiges Spiel zustandekommt.

Auf den eventuellen zweiten Einwand (zu wenige motorische Lernziele) möchte ich erwidern, daß das Ziel beim Erlernen einer neuen Sportspielart sein sollte, die Anwendung der neu gelernten Bewegung im Spiel zu ermöglichen — zum einen, um sie dadurch zu festigen, zum anderen, um die Freude am Spiel selbst zu fördern. Der notwendige Zeitaufwand für die Einübung der Bewegung muß in einem sinnvollen Verhältnis zur Relevanz dieser Bewegung für das Spiel selbst stehen. Die von mir für die Einführungsphase vorgesehenen Fertigkeiten — Druckpaß, Korbwurf, Raumdeckung — sind als Voraussetzungen ausreichend, um ein kooperatives Spiel zu ermöglichen. Die zu rasch aufeinanderfolgende Einübung neuer Bewegungselemente würde ihre Festigung und erfolgreiche Anwendung im Spiel beeinträchtigen. Meiner Erfahrung nach behinderten die Unterrichtsgespräche über Spielverhalten und Bewegungsabläufe die Entwicklung motorischer Fertigkeiten nicht, sondern unterstützten deren Herausbildung, indem sie Verständnis und Motivation förderten.

Zu 2: Die von mir vorgestellte Konzeption könnte dahingehend mißverstanden werden, daß hier ein neues basketballähnliches Spiel entwickelt werden soll, welches den Regeln der F.I.B.A. zuwiderläuft. Das war keineswegs meine Absicht. Außerkraftsetzen bzw. Veränderung der Regeln beschränkte sich nur auf die Einführungsphase, um den Schülern die Konzentration auf die neuerlernten Bewegungen in einem flüssigen Spiel zu ermöglichen. Im weiteren Kursverlauf wurden durch die Einführung anderer motorischer Fertigkeiten (z. B. Dribbling) und weiterer Regeln (z. B. Zweikontaktrhythmus) die Fähigkeiten der Schüler erweitert. Außerdem wurde eine generell flexible Haltung gegenüber Regeln gefördert, mit der Intention, ein rasches Erlernen anderer Spielregeln zu erleichtern. Somit ist m. E. gewährleistet, daß ein Schüler ohne Schwierigkeiten in Fortsetzungskursen anderer Lehrer oder in Basketballvereinen integriert werden kann.

Zu 3: Angesichts des Gesamtspektrums von Schulsport stellt sich die Frage, ob die wesentlichen Aspekte des Kurses — Koedukation und sozialintegratives Spielverhalten — auch bei anderer Thematik oder bei Mittelstufenklassen einen zentralen Stellenwert haben können. Für andere Sportspiele in der Oberstufe (z. B. Volleyball, Handball) ist das m. E. ohne weiteres möglich, vorausgesetzt, daß den Teilnehmern vor Beginn des Kurses die Konzeption vorgestellt wird und keine grundsätzlich ablehnende Haltung gegenüber koedukativem Sport besteht.

Problematischer ist die Übertragung des Konzepts auf die Mittelstufe; zum einen stellen die großen Klassenfrequenzen eine Behinderung dar, zum anderen haben viele Schüler pubertätsbedingte Schwierigkeiten, dem anderen Geschlecht gegenüber rücksichtsvoll zu sein, da sie in diesem Alter von der Entwicklung eines geschlechtsspezifischen Rollenverhaltens in Anspruch genommen werden. Eine Heranführung an die kognitive Durchdringung von Bewegungselementen und Spielgeschehen müßte aber in der Mittelstufe viel stärker praktiziert werden, als es z. Zt. üblich ist.

14.2 ZU AUSGEWÄHLTEN ASPEKTEN DER DURCHFÜHRUNG

Die meiner Meinung nach schwierigste Phase der Unterrichtsreihe ist die der Lernerfolgskontrolle. Ihre Probleme lagen zum einen in den durch die Koedukation verstärkten unterschiedlichen Voraussetzungen der Schüler, zum anderen in der Schwierigkeit der Überprüfung sozialer Lernziele. Das von mir angewandte Verfahren halte ich noch keineswegs für optimal. Seine Schwächen bestehen vor allem in der unzureichenden Differenzierung bei der Leistungsbeurteilung. So ist das Ergebnis der motorischen Lernzielkontrolle (Durchschnittswert 11 Punkte = gut) zwar einerseits ein Beweis dafür, daß von allen Schülern die eingeführten Bewegungen erlernt wurden. Andererseits wird hier deutlich, daß der Kompliziertheitsgrad der Aufgabenstellung zu gering war, um die sicherlich größeren Unterschiede in den Fähigkeiten der Schüler zum Ausdruck zu bringen.

Bei der Überprüfung der operationalisierbaren Elemente der sozialen Lernziele war der Verzicht auf eine Differenzierung innerhalb jeder Gruppe zwar aus pädagogischen Gründen beabsichtigt. Ich habe jedoch in einem Testspiel am Ende des Kurshalbjahres auch die Erfahrung gemacht, daß mir eine differenzierte Beurteilung des Sozialverhaltens der Schüler innerhalb einer Gruppe recht schwer fiel. Nur besonders auffällige Aktionen — Häufigkeit des Abspiels, Anzahl der Fouls, deutlich faires Verhalten — wurden bei der Beurteilung des einzelnen Schülers berücksichtigt (abgesehen vom Gesamtergebnis der Gruppe).

Die Überprüfung der kognitiven Leistungen war unproblematisch, was bei der langen Tradition dieses Beurteilungsaspekts in allen Fächern nicht verwunderlich ist.

Ich hoffe, daß es mir im Rahmen weiterer Unterrichtserfahrungen gelingen wird, bei der Beurteilung von Schülerleistungen weitere sinnvolle und praktikable Differenzierungsmöglichkeiten zu entwickeln.

Unter Berücksichtigung der oben dargestellten Problematik möchte ich zusammenfassend zur Frage des Erfolges meines Unterrichts folgendes feststellen:

Die angestrebten Fähigkeiten wurden weitgehend ausgebildet. Die Schüler konnten die neuerlernten Bewegungen ausführen und ein flüssiges Spiel unter Einbeziehung aller Teilnehmer organisieren. Sie verhielten sich dem Unterrichtsgeschehen gegenüber engagiert.

Ihre positive Einstellung wird auch daraus ersichtlich, daß 50% der Schüler meinen Kurs Basketball I/II für das anschließende Semester gewählt haben, obwohl sie davon ausgingen, daß er nicht innerhalb ihrer Kursverpflichtungen im Sport angerechnet würde.

Obgleich über positive Entwicklungen im Sozialverhalten der Schüler belegbare Urteile sich recht schwer fällen lassen, habe ich den Eindruck gewonnen, daß Verhaltensänderungen hier zumindest eingeleitet wurden (z. B. zunehmend faires Spielverhalten, steigendes Selbstbewußtsein bei den Mädchen, intensives Bemühen um die Beteiligung aller am Spiel).

Aber wenn die Spielbeteiligung sich auch immer ausgeglichener entwickelte, wurde bei der Gruppenwahl doch nach wie vor den motorischen Fertigkeiten und nicht den sozialen Fähigkeiten Priorität eingeräumt. Dieses Problem wurde allen deutlich, als die Mädchen — der geringeren Anerkennung überdrüssig — in der letzten Stunde eine Mädchenmannschaft bildeten. (Die vorher geübte Praxis, die Gruppen von den Mädchen wählen zu lassen, war von mir nur eine Regelung und keine Lösung des Problems.)

Weiterhin führte es auch noch am Ende des Kurses zu Schwierigkeiten, wenn zwei gute Spieler in einer Mannschaft waren. Sie vergaßen dann häufig ihre guten Vorsätze und gestalteten das Spiel über mehrere Phasen hinweg allein.

Für die Überwindung der mit der Koedukation verbundenen Schwierigkeiten wäre es sicher positiver gewesen, wenn etwa gleichviel Jungen und Mädchen am Kurs teilgenommen hätten.

Sehr schnell überwanden die Schüler jedoch ein konkurrenzorientiertes Verhalten, was u. a. darin zum Ausdruck kam, daß das Zählen der erfolgreichen Korbwürfe — und damit auch die Ermittlung eines Siegers — bald aufgegeben wurde. Von dem hier gezeigten Verhalten auf seine Übertragung auf andere Situationen zu schließen, erscheint mir jedoch als zu spekulativ.

Durch das aktive und kooperative Verhalten der Schüler war es mir häufig möglich, mich als Leitender weitgehend zurückzuhalten. Auf die dadurch gegebene Möglichkeit der individuellen Betreuung schwächerer Schüler führe ich u. a. das gute Ergebnis am Ende der Einführungsphase zurück.

Die Steuerung beschränkte sich oft darauf, in den Reflexionsphasen den Schülern aufgetretene Probleme transparent zu machen und sie durch gezielte Fragen meiner Konzeption entsprechend zu beeinflussen.

In der siebenten Stunde (Spiel im Freien) mußte ich jedoch recht energisch für die Durchsetzung meiner Vorstellungen eintreten. Diese Entschiedenheit war notwendig, um den Schülern die Erfahrung zu vermitteln, daß Basketball auch außerhalb der Turnhalle gespielt werden kann. Es muß aber bezweifelt werden, ob die Schüler diese Erfahrung in ihrer Freizeit berücksichtigen, da die wesentliche Alternative — improvisierter Korb — nicht eingesetzt wurde. Das Spiel mußte an diesem Tag stattfinden, da die lokalen und besonders die klimatischen Voraussetzungen einen späteren Termin nicht zuließen.

Auf Lerntempo und -intensität der Schüler wirkten sich auch die eingesetzten Medien fördernd aus. Eine sinnvolle Ergänzung zu den Skizzen wäre die Kontrolle der Bewegungsausführungen mit Hilfe von Videoaufnahmen gewesen. Da die Schule keine tragbare Videoausrüstung besitzt, wäre der technische Aufwand zu groß gewesen, weshalb darauf verzichtet wurde.

Abschließend möchte ich der Hoffnung Ausdruck geben, daß die Schüler durch die im Unterricht erworbenen Fähigkeiten und das gezeigte Engagement motiviert werden, die in der Schule erhaltenen Anregungen in ihr Freizeitverhalten aufzunehmen.

15. Anhang[32]

15.1 ABKÜRZUNGSVERZEICHNIS

F.I.B.A.:   Internationaler Amateur Basketball-Verband
FU: Frontalunterricht
GA: Gruppenarbeit
MS: Merksatz
PA: Partnerarbeit
Sozf: Sozialform
UG: Unterrichtsgespräch

15.2 SYMBOLVERZEICHNIS[33]

Symbol	Bedeutung	Symbol	Bedeutung
△	Spieler A	– – – – – •	Paß
▲	Spieler B	⟶⊦	Abstoppen
⟶▷	Weg des Spielers A	△↷	Sternschritt
⟶▶	Weg des Spielers B	∿∿∿	Drippeln
– – – – ⊙	Korbwurf	— - — ▶	Zweierrhythmus

15.3 UNTERRICHTSMATERIAL

Das im Unterricht benutzte Material ist auf den folgenden Seiten einzusehen.

---

[32] Der Anhang wurde mit freundlicher Genehmigung des Sportverlages Berlin (DDR) dem Buch von I. KÖHLER: Schülersport Basketball, S. 34—36 und 44—46, entnommen.
[33] STÖCKER, Gerhard, a. a. O., 16.

15.3.1 Ausgewählte Schüleräußerungen zum koedukativen Basketball

1. Regeln
1. Ohne die richtigen Regeln kann man nicht spielen
2. Auf einige Regeln kann man ja verzichten
3. Wir brauchen nur solche, die wir sinnvoll finden

2. Motorische Fertigkeiten
1. Ohne motorische Fertigkeiten ist ein Basketballspiel unmöglich
2. Fangen und Werfen muß man schon können
3. Stellungsspiel und Abgeben ist wichtiger als Sternschritt
4. Die Technik ist so kompliziert, daß man den anderen nicht mit einbeziehen kann; man kommt sonst durcheinander

3. Unterschiede in der Gruppe
1. Die Unterschiede von Geschlecht, Körpergröße und Fertigkeit sind nicht auszugleichen
2. Wenn ich weiß, der trifft nicht, werfe ich lieber selber
3. Ich spürte den Anspruch, du mußt es können, ich kann's aber nicht. Ich will es lernen, aber ohne diesen Anspruch
4. Es macht auch Spaß, daneben zu werfen

4. Mannschaftsspiel
1. Jede Mannschaft will gewinnen
2. Jeder will am Spiel beteiligt sein
3. Beide Mannschaften sind sich gegenseitig verantwortlich
4. Wir müssen uns so arrangieren, daß es allen Spaß macht

5. Schiedsrichter
1. Ein Schiedsrichter ist unbedingt notwendig
2. Jeder ist sein eigener Schiedsrichter

15.3.2 Der Druckwurf

Der Druckwurf ist die häufigste Abspielart, weil er sehr genau, sicher, scharf und schnell über kurze und mittlere Entfernungen ausgeführt werden kann.

Merksätze zum Üben:

MS I   Der Ball wird in der Grundstellung mit locker gespreizten Fingern so gehalten, daß die Daumen nach oben zeigen.
MS II Neige den Oberkörper etwas über den in Brusthöhe gehaltenen Ball nach vorn.
MS III Das Abspiel erfolgt durch den Druck aus den Armen, über die Handgelenke und Fingerspitzen, wobei die Handflächen nach außen gedreht werden.

MS IV Achte darauf, daß die Ellbogen nicht seitlich abgespreizt werden, sondern dicht am Körper bleiben, so daß du deine Kraft geradlinig vom Rumpf auf die Arme übertragen kannst.

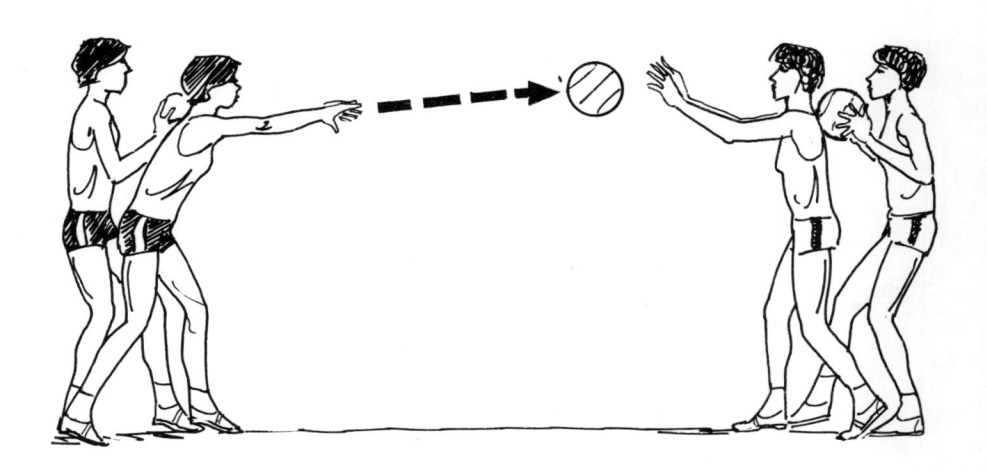

Fehlerbilder Erkenne und beschreibe die Fehler

F 1 Nora will den Druckwurf gegen eine Wand üben, aber:
Die Grundstellung . . .
Die Blickrichtung . . .
Vgl. MS I und II

F 2 Kerstins Druckwurf wird nicht scharf genug. Warum? ...
Vgl. MS IV

F 3 Claudia und Nora üben zusammen. Beurteilt die Flugbahn des Balles.
Vgl. die Abbildung oben.

Sage es so deinem Freund

F 1 Nora sieht auf den Ball statt zum Ziel. Ihre Ausgangsstellung ist zu steif. Dadurch erhält der Ball nicht die genügende Schärfe und Schnelligkeit.

Beseitige so die Fehler

Beginne mit Ü 1. Wenn du allmählich die Entfernung vergrößerst, mußt du den Schwung ausnutzen, den du durch die Streckung des ganzen Körpers gewinnst.

F 2 Kerstin spreizt die Ellbogen beim Abspiel seitlich ab, weil sie die Finger zu früh hinter den Ball dreht. Das Abspiel wird nicht scharf und sicher genug.

F 3 Die Flugbahn des Balles beschreibt eine Bogenlampe. Sie muß jedoch geradlinig verlaufen, damit die Geschwindigkeit des Balles nicht verringert wird.

Vergleiche den Mechanismus auf der Zeichnung. Trainiere mit Nora besonders Ü 3. Achtet gegenseitig auf die richtige Bewegungsausführung! Korrigiert euch!

Zählt einmal, wieviel Zuspiele ihr in 30 Sek. schafft! Vergleicht eure Leistung mit Kerstin und Nora, die sich den Ball geradlinig zuspielen. Wer wird Sieger sein? Was müßt ihr tun, um Sieger zu werden?

15.3.3 Der einhändige Korbwurf aus dem Stand

Übe den Korbwurf fleißig, damit du treffsicher wirst! Als erfolgreicher Korbschütze kannst du entscheidend zum Sieg deiner Mannschaft beitragen.

Merksätze zum Üben:

MS I   Nimm eine leichte Schrittstellung ein. Beim Rechtswerfer steht das rechte Bein vorn. Das Körpergewicht ruht gleichmäßig auf beiden Beinen, verlagert sich jedoch beim Werfen nach vorn.

MS II   In der Ausgangsposition ruht der Ball in Brusthöhe auf den gespreizten Fingern deiner linken Hand (Stützhand), während sich die rechte Hand (Wurfhand) hinter dem Ball befindet.

MS III   Strecke beim Abwerfen des Balles den Wurfarm nach oben. Der Ellbogen bleibt unter dem Ball. Wähle Flugkurve 1. Sie bietet die größte Treffsicherheit. Eine flache Flugkurve (2, 3) verringert die Treffsicherheit.

MS IV   Das Handgelenk wird während des Abwurfs locker nach unten gedrückt. Der Ball erhält den letzten Druck durch die Fingerspitzen. Die Flugbahn des Balles soll nicht zu hoch und nicht zu flach sein.

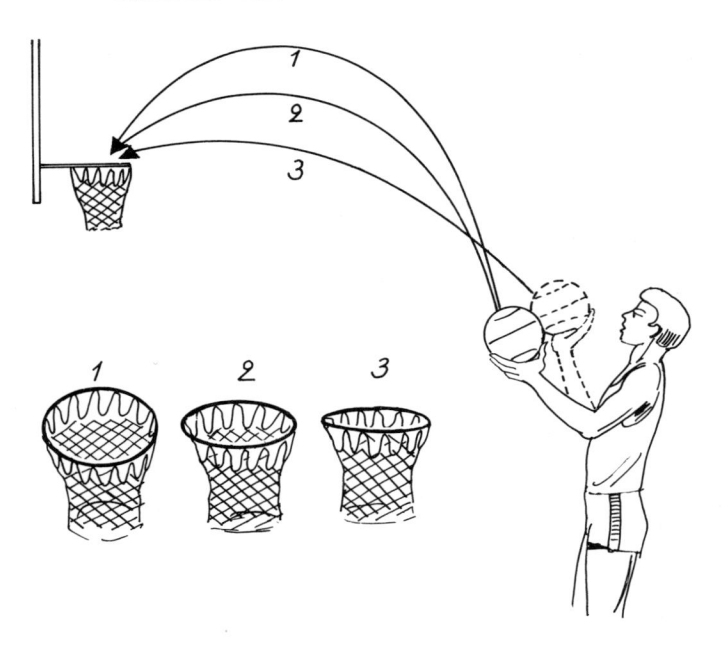

Fehlerbilder Erkenne und beschreibe die Fehler

F 1   Rolf ist Rechtshänder, aber:
Sein rechtes Bein . . .
Das Körpergewicht . . .
Vgl. MS I

F 2   Beachte bei Jens den Wurfarm!
Die Schulter . . .
Der Ellbogen . . .
Die Armstreckung . . .
Vgl. MS III . . .

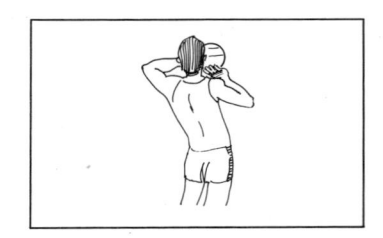

F 3 Olaf hat den Wurfarm geradlinig nach oben schräg geführt, aber:
Die Handgelenke . . .
Die Fingerspitzen . . .
Vgl. MS IV

Sage es so deinem Freund

F 1 Rolf hat MS I vergessen. Er ist Rechtswerfer und hat das linke Bein vorn. Der Abwurf kann nicht bei maximaler Streckung erfolgen. Das Körpergewicht ist zu sehr nach hinten verlagert, dadurch wird die Wurfbewegung stoßartig.

F 2 Jens darf die Schulter des Wurfarmes vor dem Abwurf nicht zurückführen. Die Wurfbewegung erfolgt stoßartig. Er spreizt den Ellbogen seitlich ab. Dadurch kann die Kraft nicht geradlinig übertragen werden. Der Wurfarm wird nach vorn anstatt nach oben gestreckt. Eine zu flache Flugbahn ist die Folge.

Beseitige so die Fehler

Nimm eine sichere Ausgangsstellung ein, wobei das Körpergewicht auf beiden Beinen ruht.
Trainiere besonders Ü 1 und 4 !

Achte auf das geradlinige, zügige Strecken des Armes, da er beim Wurf eine führende Funktion ausübt. Der Ball darf die Hand erst verlassen, wenn der Arm nach oben gestreckt ist.
Wiederhole Ü 1 und 2 !

F 3 Olaf läßt beim Abwerfen des Balles das Handgelenk steif. Der Ball kann dadurch nicht lange genug geführt werden. Die Wurfbewegung wird vorzeitig abgebrochen.

Versuche weich mit gut dosiertem Krafteinsatz zu werfen. Das gelingt dir am besten, wenn du das Handgelenk locker läßt.
Konzentriere dich auf Ü 2 und 4 !

16. Literaturverzeichnis

BERNSDORFF, W.: Freizeit als Bezugsfeld für ein Sportcurriculum? In: JOST, Eike, Sportcurriculum, Entwürfe — Aspekte — Argumente. Schorndorf 1973.

BERNSDORFF, W. / HARTMANN, H.: Volley-Spielen statt Volleyball-Spielen. In: Ausschuß Deutscher Leibeserzieher, Sozialisation im Sport, Schorndorf 1974.

BREHM, W.: Sport als Sozialisationsinstanz traditioneller Geschlechtsrollen. Gießen/Lollar 1975.

BRODTMANN, D.: Sportliche Sozialisation als Bezugsfeld eines Sportcurriculums. In: JOST, Eike, Sportcurriculum, Entwürfe — Aspekte — Argumente. Schorndorf 1973.

BUCHBINDER, D. / BUCHBINDER, U.: Einführung in den koedukativen Sportunterricht. In: Sportunterricht, 24. Jahrgang, 8/1975.

DIETRICH, K.: Sportunterricht — Instrument der Sportpolitik und curriculum-theoretisches Konstrukt. In: JOST, E., Sportcurriculum, Entwürfe — Aspekte — Argumente. Schorndorf 1973.

DIETRICH, K.: Sportspiel und Interaktion. In: Ausschuß Deutscher Leibeserzieher, Sozialisation im Sport. Schorndorf 1974.

DIETRICH, K.: Die Kontroverse über die Lehrweise der Sportspiele. In: DIETRICH, K. / LANDAU, G.: Beiträge zur Didaktik der Sportspiele. Schorndorf 1974.

ENGEL, R. / KÜPPER, D.: Koedukation im Sportunterricht. In: Sportunterricht. 24. Jahrgang, 8/1975.

ENGEL, R. / KÜPPER, D.: Lernziel Kooperation im koedukativen Sportunterricht, dargestellt am Beispielfeld des Basketballspieles. In: Ausschuß Deutscher Leibeserzieher, Sozialisation im Sport. Schorndorf 1974.

FUNKE, J.: Geschlechtsspezifische Sozialisation im Schulsport. In: Ausschuß Deutscher Leibeserzieher, Sozialisation im Sport. Schorndorf 1974.

HAGEDORN, G.: Gegen eine utopische Sportspieldidaktik. In: Sportunterricht. 25. Jahrgang, 11/1976.

HARTMANN, H.: Sport in der Erwachsenenbildung. In: Sportunterricht. 23. Jahrgang, 1/1974.

Internationaler Amateur Basketball-Verband (F.I.B.A.). Offizielle Basketball Regeln für Männer und Frauen. Berlin, München, Frankfurt 1969.

KLEINE-TEBBE, M.: Unterschiedliche didaktische Ansätze in der Spielerziehung und ihre methodischen Konsequenzen. In: Sportunterricht. 24. Jahrgang, 12/1975.

KÖHLER, I.: Schülersport Basketball. Berlin (DDR) 1974.

KONZAG, G., u. a.: Übungsformen für die Sportspiele. Berlin (Ost) 1975.

KRETSCHMER, J. / ZIEGELITZ, M.: Einstellungen von Sportlehrern zum koedukativen Sportunterricht. In: Sportunterricht. 24. Jahrgang, 8/1975.

KRÖNER, S.: Sport und Geschlecht. Ahrensburg 1976.

LUTZ, S: Geschlechtsspezifisches Rollenverhalten im Schulsport. In: Ausschuß Deutscher Leibeserzieher. Sozialisation im Sport. Schorndorf 1974.

MEYER, H. L.: Trainingsprogramm zur Lernzielanalyse. Frankfurt am Main 1974.

ODEY, R.: Zur Praxis koedukativen Sportunterrichts. In: Sportunterricht. 25. Jahrgang, 1/1976.

SCHÄDLICH, G.: Anleitung zu wissenschaftlichem Arbeiten. Frankfurt am Main 1968.

SCHÜNEMANN, P. / KOCH, K.: Didaktisch-methodische Modelle für die Schulpraxis, Modellbeispiel I: Basketball. Schorndorf 1972.

Senator für Schulwesen: Vorläufiges Grundprogramm für das Fach Leibesübungen in der Sekundarstufe II. Berlin (West) 1973.

STÖCKER, G.: Schulspiel Basketball — vom Spielen zum Spiel. Schorndorf 1975.

SPRENGER, J.: Sport in der Primarstufe — Theorie und Praxis am Beispiel Mini-Basketball. In: Sportunterricht. 25. Jahrgang, 11/1976.

WAGNER-RODENBUSCH, R.: Volley-Spielen als Freizeitsport — Ein Experiment mit Mädchen eines 8. Schuljahres. Unveröffentlichte schriftliche Hausarbeit zur zweiten Staatsprüfung für das Lehramt an Hauptschulen und Realschulen. Göttingen 1975.

WEINBERG, P.: Tätigkeitszentriertes und handlungsorientiertes Lernen — am Beispiel ‚Volleyball'. In: WEINBERG, P. (Hrsg.): Lehren und Lernen im Sport. Köln 1976.

Anschrift des Verfassers:
Michael Cramer
Würzburger Straße 4
1000 Berlin 30

SPORT-UNTERRICHTSFILME (Arbeitsstreifen Super-8-mm)

BASKETBALL

Arbeitsstreifen treten im Sportunterricht in der Turnhalle bei Tageslicht an Stelle der Lehrer- oder Schülerdemonstration.

Folgende Arbeitsstreifen sind einzeln oder in Serie lieferbar

1. Korbwurf I — Korbleger, Positionswurf
   Nr. 36 0370   sw   4 Minuten
2. Korbwurf II — Sprungwurf, Hakenwurf
   Nr. 36 0371   sw   3,5 Minuten
3. Dribbeln am Ort und in spielgerechter Bewegung
   Nr. 36 0372   sw   4 Minuten
4. Ballbehandlung — Fangen und Passen
   Nr. 36 0373   sw   3 Minuten
5. Fußarbeit beim Angreifer und Deckungsspieler
   Nr. 36 0374   sw   3,5 Minuten
6. Ein Weg zur Perfektion —
   Übungsbeispiele zur Ballbehandlung
   Nr. 36 0375   sw   3 Minuten
7. Spiel 1—1 im Spielfeld und am Korb
   Nr. 36 0376   sw   3,5 Minuten
8. Zenterausbildung — Übungs- und Trainingsformen
   Nr. 36 0377   sw   4,5 Minuten
9. Spiel 2—2
   Nr. 36 0378   sw   3,5 Minuten
10. Spiel 3—3 — Drei — Außen
    Nr. 36 0379   sw   3 Minuten
11. Spiel 3—3 — Spiel mit Vorzenter I
    Nr. 36 0380   sw   3 Minuten
12. Spiel 3—3 — Spiel mit Vorzenter II
    Nr. 36 0381   sw   4 Minuten
13. Spiel 3—3 — Zwei Seitzenter
    Nr. 36 0382   sw   4 Minuten
14. Bekämpfung der Mann-Deckung
    Nr. 36 0383   sw   3 Minuten
15. Sinkende Manndeckung — Ausschalten des Vorzenters
    Nr. 36 0384   sw   2,5 Minuten
16. Ball-Raum-Verteidigung (Zone)
    Nr. 36 0385   sw   4 Minuten
17. Bekämpfung der Ball-Raum-Verteidigung
    Nr. 36 0386   sw   4,5 Minuten
18. Presse
    Nr. 36 0387   sw   3 Minuten
19. Der Schnellangriff I — Ballsicherung, Ballvortrag
    Nr. 36 0388   sw   5 Minuten
20. Der Schnellangriff II —
    Korbwurf nach Angriff-in-der-Überzahl
    Nr. 36 0389   sw   3,5 Minuten

Ferner sind in unserem Verlag folgende Bücher über Basketball erschienen:

Prof. Dr. Gerhard Stöcker
und Mitarbeiter

**Schulspiel Basketball —
Vom Spielen zum Spiel**
6. unveränderte Auflage 1978
Eine Lehrhilfe zur Einführung in das Basketballspiel unter besonderer Berücksichtigung der Voraussetzungen in der Schule.
DIN A 5, 88 Seiten

Dr. Hannes Neumann

Basketball-Grundschule
Einfache und komplexe Übungsformen
3. Auflage 1978

Der Verfasser — ehemaliger National- und Oberligaspieler — stellt in klarer Systematik die Grundformen des Übens im Basketballspiel zusammen.
DIN A 5, 88 Seiten

Auslieferung der Arbeitsstreifen erfolgt nur direkt durch

VERLAG KARL HOFMANN   Abt. AV-Versand
7060 Schorndorf   Postfach 1360   Telefon (0 71 81) *78 11

Schriftenreihe zur Praxis der Leibeserziehung und des Sports

1 Koch, **Bewegungsschulung an Gerätebahnen**, 7. Auflage
2 Koch, **Springen und Überschlagen — Hechten und Rollen am Absprungtrampolin**, 5. Auflage
3 Mielke, **Schwimmenlernen — erproben und üben**, 6. Auflage
4 Koch / Timmermann, **Klettern und Steigen — Schwingen und Springen am Stufenbarren**, 4. Auflage
5 Koch / Timmermann, **Vom Steigen und Balancieren zum Turnen am Schwebebalken**, 3. Auflage
6 Meusel, **Vom Purzelbaum zum Salto**, 5. Auflage
7 Braecklein, **Wasserspringen — lernen — üben — leisten**, 4. Auflage
8 Koch, **Vom Bockspringen zu den Längssprüngen**, 5. Auflage
9 Koch, **Methodische Übungsreihen in der Leichtathletik**, Teil I: Grundausbildung im obligatorischen Unterricht der Schule, 8. Auflage
10 Meusel, **Vom Schaukeln und Schwingen zu Schwungstemmen und Umschwüngen**, 4. Auflage
11 Kirsch / Koch, **Methodische Übungsreihen in der Leichtathletik**, Teil II: Erweiterte Grundausbildung im differenzierten Sportunterricht, 6. Auflage
12 Stöcker, **Schulspiel Basketball — Vom Spielen zum Spiel**, 6. Auflage
13 Koch, **Grundschulturnen an Geräten**, 7. Auflage
14 Dürrwächter, **Volleyball — spielend lernen — spielend üben**, 8. Auflage
15 Ungerer, **Leistungs- und Belastungsfähigkeit im Kindes- und Jugendalter**, 4. Auflage
16 Koch, **Konditionsschulung für die Jugend**, 5. Auflage
17 Timmermann, **Leistungsturnen am hohen Stufenbarren, Teil I** (vergriffen — keine Neuauflage)
18 Koch, **Leisten — Formen — Gestalten. Ein Bildband unter methodischem Aspekt**
19 Balz, **Vom Klassenwettkampf zum Stadionfest** (vergriffen — keine Neuauflage)
20 Wiemann, **Vom Kippen zum Überschlagen — Vom Schwingen zum Felgen**, 4. Auflage
21 Koch / Mielke, **Die Gestaltung des Unterrichts in der Leibeserziehung**, Teil I, 5. Auflage
22 Dietrich, **Fußball — spielgemäß lernen — spielgemäß üben**, 5. Auflage
23 Koch, **Laufen, Springen, Werfen in der Grundschule**, 5. Auflage
24 Bernhard, **Sprungtraining**, 3. Auflage
25 Wein, **Hockey, lernen und lehren**, 3. Auflage
26 Koch, **Kleine Sportspiele**, 5. Auflage
27 Tschiene, **Stoß- und Wurftraining**, 3. Auflage
28 Räupke / Koch, **Vom Klettern und Klimmen zum Turnen an den Ringen**, 2. Auflage
29 Söll / Koch, **Übungsmodelle für alle Altersstufen**, 4. Auflage
30 Dassel / Haag, **Circuit-Training in der Schule**, 5. Auflage
31 Braecklein, **Methodische Übungsreihen im Schwimmen**, 6. Auflage
32 Käsler, **Handball — Vom Erlernen zum wettkampfmäßigen Spiel**, 4. Auflage
33 Kruber, **Leichtathletik in der Halle**, 5. Auflage
34 Friedrich / Gattermann, **Jugendgemäße Ski-Grundausbildung** (vergriffen — keine Neuauflage)
35 Kerkmann, **Wir spielen in der Grundschule**, 5. Auflage
36 Blumenthal, **Vorschulturnen an Geräten**, 3. Auflage
37 Kretschmer, **Grundlagen und Methoden zur Intensivierung des Unterrichts im Gerätturnen**, 2. Auflage
38 Heinrich, **Spielerische Wassergewöhnung im Anfänger-Schwimmunterricht**, 4. Auflage
39 Kiphard, **Bewegungs- und Koordinationsschwächen im Grundschulalter**, 3. Auflage
40 Jonath / Kirsch / Schmidt, **Lauftraining**, 3. Auflage
41 Neumann, **Basketball-Grundschule**, 4. Auflage
42 Timmermann, **Bodenturnen der weiblichen Jugend**, 3. Auflage
43 Klindt, **Tanzen in der Schule**, 4. Auflage
44 Dieckert / Koch, **Methodische Übungsreihen im Gerätturnen**, 5. Auflage
45 Koch / Söll, **Stundenmodelle für alle Altersstufen**, 3. Auflage
46 Kreidler, **Konditionsschulung durch Spiele**, 3. Auflage
47 Eberhardt-Matz, **Schüler lernen Schifahren**, in deutscher und englischer Sprache
48 Nattkämper, **Gymnastik für Jungen**
49 Lautwein, **Der Sportunterricht im 1. Schuljahr**, 3. Auflage
50 Ueberle, **Trainingsleitung und Mannschaftsführung in den Sportspielen** (vergriffen — keine Neuauflage)